Los mil mejores chistes que conozco (y cien más)

Tomo II

Los mil mejores chistes que conozco (y cien más)

Tomo II

Armando Fuentes Aguirre
Catón

Diseño de portada: Lizbeth Batta Fernández
Ilustración de portada: Paco Calderón

© 2011, Editorial Planeta Mexicana, S.A. de C.V.
Bajo el sello editorial DIANA M.R
Avenida Presidente Masarik núm. 111, 2o. piso
Colonia Chapultepec Morales
C.P. 11570 México, D.F.
www.editorialplaneta.com.mx

Primera edición: agosto de 2011
ISBN: 978-607-07-0813-8

Impreso en los talleres de Litográfica Ingramex, S.A. de C.V.
Centeno núm. 162, colonia Granjas Esmeralda, México, D.F.
Impreso y hecho en México – *Printed and made in Mexico*

*A mis hijos: Armando, Luz María,
Alejandro y Javier,
sonrisas de Dios en mi vida.*

A mis cuatro lectores, especialmente a ti.

Prólogo

La gracia, esa hermosa gracia

LA RISA ES don divino que nos hace humanos. Entre todas las criaturas del mundo la única que sabe reír es el hombre.

Se cuenta que fray Julián Garcés, primer obispo de Tlaxcala, envió una larga carta a Paulo Tercero, papa, en la cual hacía la defensa de los indios mexicanos, y pedía al pontífice que declarara que tenían alma. Paulo escuchó con paciencia la lectura de los largos alegatos en latín escritos por fray Julián. De pronto interrumpió al enviado y le hizo una pregunta:

—Dime, ¿los indios ríen?

—Sí, su santidad.

—Entonces tienen alma.

Casi todos sabemos reír, y somos dueños de esa flor de inteligencia que consiste en saber reír de nosotros mismos. Conocemos el arte de poner el bálsamo del buen humor aun sobre las mayores calamidades, sea un terremoto o un mal gobernante. Y es que la risa es un bien que nos protege de todo mal. Es fuente de salud para el cuerpo, y también para el espíritu. San Francisco de Sales postuló: "Un santo triste es un triste santo".

Los cuentos para reír poseen linaje venerable. Dos milenios y medio de edad tienen algunos que nos llegaron de la Grecia antigua. Uno narra la historia de la comadrona que entró en la habitación donde una parturienta estaba a punto de dar a luz. Se sorprendió al verla tendida en el suelo, retorciéndose allí y gimiendo por los dolores del alumbramiento. Le preguntó, asombrada:

—¿Por qué no subes a la cama?

—¡Ah no! —protestó con vehemencia la mujer—. ¡Tú quieres que yo regrese al lugar donde todos mis males empezaron!

Otro cuento de venerable antigüedad habla de un hombre casado con una mujer más vieja que él, y que tenía una amante bastante más joven que él. Era de cabello entrecano el individuo. Su esposa le arrancaba los cabellos negros para hacerlo ver mayor. La amiga le arrancaba las canas para que no se viera tan viejo. Y concluye la historieta: "Entre las dos lo dejaron pelón".

En el libro que tienes en tus manos he puesto chistes de todos colores; la mayoría de ellos, tirando al rojo o púrpura. Muchos, a más de hacer reír, enseñan algo y son liberadores, pues no hay nada como el humor para salvarnos de la insana tentación de tomarnos demasiado en serio, y de esas grandes necedades que son la vanidad, la pedantería y la solemnidad. Una buena cantidad de ellos tiene que ver con el sexo, parte de nuestra vida sobre la cual se han puesto tantas telarañas, que hacer humor sobre las cosas de la sexualidad es también sano ejercicio.

Esta variada colección de cuentos la he dedicado a mis hijos y a ti, que eres uno de mis cuatro lectores. Al leerme me impartes el santo sacramento de la bondad humana; por ti soy lo que soy, un escritor que aspira a poner amor y humor en la vida de su prójimo.

Tomás Moro, hombre de pensamiento lúcido, es autor de una oración traviesa que bien puede servir de ultílogo a este prólogo:

"Señor, dame una buena digestión, y dame también algo para digerir. Dame la salud del cuerpo y el buen humor que se necesita para conservarla. Pon en mí un alma que no se queje de continuo, y que no sepa lo que es el aburrimiento. Haz que no me irrite —y que no irrite a mi prójimo— con esa criatura tan molesta que es el 'yo'. Concédeme el sentido del ridículo, y haz que sepa disfrutar un buen chiste. Si todo eso me das, habrá alegría en mi vida, y podré compartir esa alegría con mi hermano. Amén".

Que disfrutes este libro, querido lector, amadísima lectora y que lo lleves de viva voz a los demás.

Armando Fuentes Aguirre, Catón
Saltillo, Coahuila
Primavera de 2011

Segunda parte

M-V

SEXO
(Con dedicatoria especial del autor a los nudistas)

LE DICE UN tipo a una muchacha amiga suya: "Susiflor, te invito a ventilar nuestras diferencias". "No entiendo —se desconcierta ella—. Jamás hemos tenido ninguna diferencia". Aclara el sujeto: "Te estoy invitando a un club nudista".

CIERTO INDIVIDUO SE inscribió en un club nudista. El primer día pasó grandes apuros, pues la visión de las hermosas chicas *au naturel* le provocó un efecto muy visible. A fin de ocultar el dicho efecto se puso delante un periódico. Pasó por ahí una pareja de viejitos, y al ver al individuo le dice la ancianita al viejecito: "La tuya nunca aprendió a leer".

EN UN CLUB nudista uno de los socios pidió que no fueran admitidos aspirantes demasiado bajitos de estatura. "Eso me parece una injusta discriminación —protesta alguien—. ¿Por qué no quieres que admitamos a los chaparritos?" Razona el proponente: "Siempre andan metiendo la nariz en los asuntos de los demás".

EN EL CAMPO nudista le dice el apasionado galán a la muchacha: "¡Te amo, Rosibel! ¡Todo mi cuerpo clama por ti! Pero... ¿por qué bajas la mirada? ¿Acaso te apené?" "No —responde ella—. Iba a ver si era cierto".

AQUEL SEÑOR FUMABA puro. El doctor determinó que eso le estaba haciendo daño y le recomendó una cura total: debía internarse en un campamento naturista donde hombres y mujeres, en pleno contacto con la naturaleza, el sol, el aire, privados por completo de tabaco y alcohol, comiendo sólo alimentos vegetales, se desintoxicaban y volvían así a la salud. Cuando regresó el señor, sus amigos le preguntaron cómo le había ido. "Tuve una experiencia interesante —responde el señor—. Para mi sorpresa el campamento resultó ser nudista". "¡Qué interesante!" —dicen los amigos—. "Sí —contesta el señor—. Lo malo es que se me ocurrió llevarme un puro, y ¡ah cómo batallé cuando me lo tuve que esconder!"

"SEÑOR CURA ARSILIO, me enteré de que usted había aceptado oficiar una misa en un campo nudista, pero que a última hora se arrepintió". "Es cierto, hija. Me puse a pensar dónde llevarían el dinero de la limosna".

EN EL CAMPO NUDISTA le dice la muchacha a su acompañante: "Temo que te vas a aburrir de mí, Naturio. Nos estamos viendo demasiado".

MÉDICOS

LA LINDA PACIENTE le dice al médico: "Doctor: tengo un problema con mi mano derecha. Cuando la cierro me empieza a temblar". Responde el salaz facultativo: "A ver: póngala aquí".

EN MEDIO DE los jadeos acezantes, ingentes contorsiones, extáticos deliquios y urentes suspiros anhelantes que caracterizan al acto supremo del amor, la guapa señora acierta a decirle al joven médico: "Ha de perdonar mi desconcierto inicial, doctor, pero yo siempre había creído que la fecundación artificial se hacía artificialmente".

A DOÑA NALGUIRIA le salió una erupción en ambos hemisferios de la región glútea. "Tendré que operar —le dice el dermatólogo al marido de Nalguiria—. A fin de cubrir luego la región intervenida usaré piel de las orejas de su esposa". Se llevó a cabo la operación con muy buen éxito. Pasaron unas semanas y el médico se topó en la calle con el hombre. Le pregunta: "¿Cómo ha estado su señora después del trasplante que le hice?" "En lo general muy bien —contesta el esposo de Nalguiria—. Nada más hay un pequeño problemita: cada vez que le digo algo se levanta las faldas, se baja lo demás, se agacha, y dirigiendo hacia mí las pompis me pregunta: '¿Cómo dices?'"

DOÑA AVIDIA, MUJER con grandes impulsos de libídine, no era correspondida en tal pasión por su marido, de nombre Pudendín Doblado. Un día, sin conocimiento de su esposo, fue la ardiente señora con el médico y le pidió un elíxir, alguna pócima o brebaje que sirviera para resucitar en su exangüe consorte los febráticos ímpetus de rijosa carnalidad que el paso de los años le había arrebatado. (*"Use it or loose it"*: o lo usas o lo pierdes, se dice en lengua inglesa para expresar lo mismo que el clásico apotegma enunciado por Hipócrates de Cos: órgano que no se usa se atrofia. *N. del A.*) El médico escuchó la solicitud de doña Avidia. "Mire, señora —le contesta—. Me acaba de llegar este nuevo específico paregórico formulado con una combinación de fosfuro de cinc, nuez vómica, *acantea virilis*, hierba damiana, ginseng y extracto de yohimbina. Le haré una receta para que con cuidado administre el medicamento a su marido". El doctor puso en su prescripción que don Pudendín debería tomar "4 o 5" gotas de aquel líquido. Desgraciadamente no acentuó la o, como debe hacerse cuando esta conjunción se pone entre números, para que no se confunda con ellos, y doña Avidia leyó "405 gotas", de modo que casi le dio a beber todo el frasco a su agotado cónyuge. A la mañana siguiente muy temprano llama doña Avidia por teléfono al doctor. "¿Funcionó el remedio?" —pregunta éste con gran interés—. "¡Vaya si funcionó! —responde doña Avidia—. Ahora necesito que me mande el antídoto, para poder cerrar el ataúd". (Explicación: Por los efectos de la excesiva dosis de aquel potente bebedizo el pobre señor Doblado murió lleno de vida. Descanse en paz. *N. del A.*)

"LAMENTO INFORMARLE QUE le quedan solamente dos meses de vida". "Caray, doctor, me gustaría oír otra opinión". "Con todo gusto. Su corbata está muy fea".

DOS MÉDICOS CONVERSAN en un intermedio de su trabajo. "Acabo de atender un caso rarísimo —cuenta uno—. Me llegó una muchacha con un resorte de colchón incrustado en una de sus pompis". "De veras que eso es algo muy raro —reconoce el otro—. ¿Cómo le sucedió semejante cosa?" "No sé exactamente —responde el médico—. El caso es que ella quiere que se lo califique de accidente de trabajo".

DON FEBLICIO IBA a ser operado. Le iban a extraer el apéndice. Su esposa le pregunta al cirujano: "Disculpe, la pregunta, doctor: después de la operación, ¿podrá mi marido hacer el amor?" El médico sonríe: "Desde luego que sí, señora. Claro que podrá hacerlo". "¡Ay, qué bueno, doctor —se alegra la señora—, porque hace más de cinco años que no puede!"

DON FEBLICIO, RICO labrador que muy marchitas tenía ya las galas de su pasada juventud, quedó transido de amor al ver a Rosilí, pimpante zagala en flor de edad. Con discreta mesura cortejóla, y halló buena respuesta a sus anhelos. Se fijó el día de los desposorios. El maduro señor, considerando el exuberante campo que debía arar, se preocupó muy mucho por la debilidad extrema de su arado. Determinó por tanto recurrir a la ciencia hipocrática en solicitud de fortaleza, y fue con un médico sapiente a fin de obtener de él algún corroborante o eficaz rubefaciente que, incitándole los órganos sensorios, sirviera al mismo tiempo para ponerlo en aptitud de cumplir las gratas obligaciones emanadas del débito conyugal. El doctor le dio una bujeta de translúcido vidrio, continente de un líquido opalino al cual atribuía el vademécum miríficas virtudes. "Pero tenga cuidado con el fármaco —aconseja a don Feblicio—. Es tan fuerte que basta una sola gota para alcanzar la potencia deseada, un vigor amatorio formidable, una fuerza invencible de libídine". Llevó consigo aquella panacea el senescente novio. Al otro día llamó al médico por el hilo telefónico. "¡Doctor! —le informa conturbado—. ¡En un descuido se me cayó el líquido en la noria!" "¡Qué barbaridad! —se alarma el facultativo—. ¡Que nadie vaya a beber el agua de ese pozo!" "Imposible sacar agua de ahí —lo tranquiliza don Feblicio—. Hasta ahora nadie ha podido doblar el mango de la bomba".

LA FUTURA MADRE primeriza le pregunta con inquietud al ginecólogo: "Doctor: ¿en qué posición voy a estar cuando dé a luz a mi bebé?" Contesta el médico sonriendo: "En la misma que posición que tenía cuando lo concibió". Pregunta ella boquiabierta: "¿En el asiento de atrás de un vocho?"

LA DAMA DE edad madura va a visitar al oculista. El médico la sienta en el sillón y sin quitarle los lentes la examina detenidamente. Después le dice con voz muy dulce: "Señora, tiene usted una mirada maternal". "¿Ah sí? —responde complacida la señora—. ¿Por qué lo dice, doctor?" Contesta el oculista: "Ve pura madre".

LA OFICINA DE reclutamiento estaba en el segundo piso, y el departamento de exámenes médicos en el primero. El muchacho, que no quería ser reclutado, le alegaba al médico que era casi ciego. El doctor, que lo había hecho que se desvistiera para practicarle el examen general, le revisa la vista y no encuentra ninguna deficiencia. Pero para estar seguro hace que una preciosa enfermera se aligere la ropa y pase provocativamente frente al joven. "¿Qué ves?" —le pregunta—. "Solamente un bulto" —responde el muchacho—. "Bien —concluye el médico—. Quizás tus ojos vean sólo un bulto, pero otra parte tuya está apuntando directamente a la oficina de reclutamiento".

UN SEÑOR COMENZÓ a sentir que batallaba un poco para cumplir con eso que en términos jurídicos se conoce con el nombre de "débito conyugal". Sintió miedo, pues ya se sabe que miedo es la primera vez que no puedes la segunda vez, y pánico es la segunda vez que no puedes la primera vez. Fue con un amigo suyo que era médico y le contó el problema que tenía. "No te apures —lo tranquiliza el doctor—. Eso nos sucede a todos los hombres alguna vez. Hasta a mí me ha pasado. Voy a darte una píldora sensacional. Con una tendrás, pues es extraordinariamente potente". Y le da una píldora de regular tamaño. A los pocos días se encuentran. "¿Cómo te fue con la píldora?" —pregunta el médico—. "Muy mal —dice el sujeto con resentimiento—. Al tomármela se me atoró en la garganta, y es fecha que no puedo doblar el cuello".

LADY LOOSEBLOOMERS FUE a consultar al médico. Se quejaba de dolores en todo el cuerpo. Como parte del interrogatorio le pregunta el galeno: "¿Cuántos días a la semana hace usted el amor?" "Todos los días" —responde ella—. "Es demasiado" —opina el doctor—. Y añade a título de broma: "Debería descansar al menos los domingos". Contesta lady Loosebloomers: "Se enojaría mi esposo". "¿Por qué?" —se extraña el médico—. Explica la mujer: "Es el único día que lo hago con él".

EL TELÉFONO DE la casa del joven doctor recién casado sonó a las once de la noche. Llamaba una vecina: "Doctor —le dice angustiada—. Venga por favor. Mi nena tiene una pierna dobladita". "En este momento no puedo ir, señora —contesta el joven médico—. Mi esposa tiene dobladitas las dos".

UN SUJETO PERDIÓ el brazo derecho en un accidente. "Le puedo trasplantar otro —dice el médico—. Desgraciadamente tenemos ahora puros brazos izquierdos. Derechos nada más hay uno, pero es de mujer". "Póngame ése, doctor" —suplica el hombre—. Pasa el tiempo y el doctor encuentra en la calle a su paciente. "¿Cómo le ha ido con el brazo?" —le pregunta—. "Muy bien, doctor —responde el tipo—. Funciona a la perfección. El único problema es cuando voy a hacer pipí, tengo que usar la mano izquierda". "¿Por qué?" —se extraña el médico—. Explica el individuo: "Si uso la mano derecha luego no me suelta".

LE DICE UN tipo al médico: "No puedo salir con mujeres, doctor. Padezco un grave problema sexual". "¿Qué problema sexual es ése? —pregunta el facultativo—. Responde con tristeza el otro: "No tengo dinero".

EL GINECÓLOGO LE dio instrucciones a la chica al ir a examinarla: "Acuéstate, relájate, y déjame hacer a mí". "¡Ah, no! —se alarmó la muchacha—. ¡Exactamente eso me dijo mi novio, y por eso estoy aquí!"

EL *PLAYBOY* LLEGÓ al departamento de la guapa chica y la invitó al ballet. "No puedo —dice la muchacha—. El doctor me ordenó que me quede en casa porque tengo algo que no recuerdo cómo se llama". El tenorio, entonces, le dijo que en ese caso se quedaría con ella. Como no había nada bueno en la tele, la pareja hizo el amor cumplidamente. Al despedirse, el galán le preguntó la chica qué ballet se presentaba. Responde él, *"Las Sílfides"*. "¡Ah! —exclama ella—. ¡Así más o menos se llama eso que el doctor dice que tengo!"

AQUEL BOMBERO ERA bajito de estatura. "Doctor —le dice al médico—, cada vez que hay un incendio me queda muy dolorida la parte aquella que la platiqué". "No sé qué tenga que ver esa parte con los incendios —responde el médico—. Pero déjeme examinarlo". Después del examen el médico hace algunas maniobras, y luego le comunica al apagafuegos: "Su problema está resuelto. No volverá a sufrir esa molestia". En efecto, la molestia desapareció por completo. "¿Qué fue lo que hizo usted, doctor, para curarme?" —le preguntó después el bombero al acertado galeno. "Poca cosa —respondió él—. Le corté a sus botas un pedazo en la parte de arriba".

EL MÉDICO HALLÓ a su paciente en un estado de agitación impropio de su condición de enfermo. La dicha agitación se evidenciaba por un sospechoso levantamiento de la sábana. Llamó el facultativo a la enfermera, joven mujer de mucha pechonalidad y con más curvas que las que lanzó en toda su carrera el legendario pícher Whitey Ford. Cuando el médico vio a su paciente con aquella notoria tumefacción en la entrepierna, le dijo a la guapa enfermera con tono represivo: "Señorita Bubilina, le pedí que le levantara el ánimo al paciente. Pero nada más el ánimo".

LLEGÓ UN SEÑOR al consultorio médico y le dijo a la recepcionista: "Tengo un problema con mi cosa". "¡Shh! —le impuso ella silencio bajando la voz—. Hay otras personas en la sala. Diga usted: 'Tengo un problema con mi oreja'". Obediente, dijo el señor con voz que todos pudieron escuchar: "Señorita: tengo un problema con mi oreja". La recepcionista, igualmente en voz alta, le pregunta: "¿Qué problema tiene usted con su oreja, señor?" Contesta él: "No puedo hacer que se levante".

UN TIPO LLEGÓ a su casa y encontró a su mujer en la cama con un conocido optometrista de la localidad. "¿Qué están haciendo?" —bufó con iracundia el mitrado marido. "¿Lo ve, doctor? —le dice la señora al individuo—. ¡Necesita lentes!"

ACOMPAÑADO POR SU esposa un maduro caballero fue con el doctor. Le dijo en voz alta, para que se escuchara en la antesala, donde había señoras esperando la consulta: "Doctor: cuando le hago el amor a mi mujer me siento perfectamente bien. Después de diez minutos tengo sexo con ella otra vez, y me duele la cintura. Dejo pasar quince minutos y le hago el amor por la tercera vez. Entonces siento un dolor en la espalda. Y cuando después de veinte minutos hago el sexo con ella por vez cuarta, me duele todo el cuerpo. ¿Eso es bueno o malo?" La esposa se inclina hacia el facultativo y le dice al oído: "No es ni bueno ni malo, doctor. Es mentira".

UN INDIVIDUO ACUDIÓ a la consulta del doctor Creposso, eminente traumatólogo. Le dijo con angustia: "Toda las noches sueño que cinco hermosísimas mujeres se acercan a mí, desnudas, sedientas de placer como bacantes, y empiezan a quitarme la ropa pidiéndome que les haga el amor, al tiempo que me ofrecen, lujuriosas, sus más íntimos encantos. Yo las rechazo siempre; las empujo violentamente con los brazos. En ese punto me despierto, y termina aquel erótico sueño de pasión, libídine, sensualidad, concupiscencia, carnalidad, lascivia, libertinaje y voluptuosidad. Noche tras noche el mismo sueño. ¡Ayúdeme, doctor, se lo suplico!" "Señor —replica el facultativo—, me temo que se ha equivocado usted de médico. Lo que necesita es un psiquiatra, y yo soy traumatólogo". "¡Precisamente, doctor! —gime el paciente con deprecante voz—. ¡Vengo a que me quiebre los brazos, por favor!"

UN CONTRATISTA DE albañilería se presentó con el doctor Ken Hosanna y le dijo que sufría un caso grave de constipación. "Hace tres días que no exonero" —le informó con lenguaje culterano—. "Desvístase usted —ordenó el médico—. Procederé a examinarlo". Después de la revisión correspondiente el galeno trajo un bat de beisbol y le dio repetidos golpes al paciente en la parte posterior. "Ahora vaya al baño" —le indicó—. Fue el hombre y regresó muy satisfecho, con expresión de alivio. "Resolvió usted mi problema, doctor —le dijo con agradecimiento—. Aconséjeme, ¿ahora qué debo hacer en el futuro para evitar un nuevo caso de constipación?" Prescribe el médico: "No se siente en los bultos de cemento".

LA SEÑORA LLEVÓ a su marido con el médico, pues el maduro caballero había perdido todo interés en lo relativo a la sexualidad. El facultativo le dio al señor una potente píldora, y le dijo que le haría efecto en veinticuatro horas. Así fue: al siguiente día el señor llamó por teléfono al facultativo y le dijo, exultante, que el fármaco había dado extraordinarios resultados. "¡Ya llevo tres, doctor!" —le informó lleno de entusiasmo—. "Lo felicito —se alegró el facultativo—. Seguramente su esposa estará feliz". Contesta el señor: "Ella todavía no llega".

EL GINECÓLOGO LE informó a la joven mujer que le pidió la examinara: "No me cabe ninguna duda, señorita Dulcilí: está usted embarazada". "¡Imposible, doctor! —protesta ella con vehemencia—. ¡Jamás he tenido trato carnal con hombre alguno! ¡Soy virgen!" Con toda calma el médico se pone en pie y va hacia la ventana. "¿Qué hace usted, doctor?" —pregunta con extrañeza la muchacha—. Responde el facultativo: "Estoy mirando el cielo. Si lo que dice usted es verdad, en este momento debe estar apareciendo una estrella en Oriente".

DON ASTASIO LLEGÓ al consultorio de un eminente médico. "Doctor —le contó—, hace una semana encontré a mi esposa en la alcoba con un desconocido. Antes de que pudiera yo decirle algo ella me mandó a la cocina a que me tomara un café. Al siguiente día la volví a sorprender en lo mismo, y otra vez me mandó a la cocina a tomarme un café. Todos los días la encuentro en la recámara con un hombre distinto, y siempre mi mujer me manda a la cocina a tomarme una taza de café. ¿Qué debo hacer?" "Creo que se equivocó al venir aquí, señor —le dice el facultativo—. Yo soy médico; usted lo que necesita es un abogado". "No, doctor —replica don Astasio—. Un abogado no puede decirme si no me hará daño tomar tanto café".

LA HERMOSA AYUDANTE del radiólogo llevaba siempre un delantal de plomo. Le preguntó un paciente: "¿Es para detener las radiaciones?" "No —contestó la muchacha—. Es para detener al radiólogo".

"PADEZCO EYACULACIÓN PREMATURA". Así le dijo el paciente a la psiquiatra, guapa mujer de exuberantes formas. "Entiendo —tomó nota la analista—. Y dígame: ¿en qué momento termina usted?" Responde el individuo acezando con agitación: "Ya".

UN JOVEN CIRUJANO estético estaba en su consultorio con un amigo. Entró una mujer de bello rostro y exuberantes curvas. Abrazando con cariño al médico le dijo: "¡No tengo palabras para agradecerte lo que hiciste por mí! ¡Me has devuelto mi juventud y mi belleza!" Tras decir eso la mujer salió. El cirujano, muy orgulloso le comenta a su amigo: "Es mi mamá". En eso llega otra hermosísima mujer, más guapa aún que la anterior. Le dijo al médico echándole los brazos al cuello: "¡Gracias! Yo era fea, desmedrada, sin atractivo alguno. Tú me convertiste en una Venus irresistible. Por ti soy una mujer nueva. ¡Mi gratitud te acompañará toda la vida!" Sale la mujer, y le dice con gran orgullo el médico a su amigo: "Es mi hermana". Apenas acababa de decir tal cosa cuando irrumpió en el consultorio otra mujer, más bella aún que las dos que la habían antecedido. Su rostro era perfecto, como de actriz de cine. Su cuerpo mostraba incitativas redondeces: tenía bubis grandes y turgentes; lucía en la parte posterior dos armoniosas prominencias que se movían cadenciosamente a cada paso que daba; sus piernas tenían proporciones clásicas cuya sola vista provocaba el erótico pensamiento de hacerlas a un lado. Se planta la bellísima fémina frente al cirujano y le dice, furiosa: "¡Eres un imbécil! ¡Mira cómo me dejaste! ¡Jamás te perdonaré lo que me hiciste! ¡Me echaste a perder la vida! ¡Eres el colmo de la ineptitud y de la estupidez!" Así diciendo, la mujer salió dando un portazo. "¿Quién es?" —preguntó con asombro el amigo—. Contesta, desolado, el cirujano plástico: "Es mi papá".

MANILITO PAJONERO, JOVEN enteco y escuchimizado, le hizo esta íntima confesión a una amiga: "Cuando era yo adolescente incurría dos veces diarias en placeres solitarios. El médico de la familia me advirtió que si seguía haciendo eso acabaría idiota". Le dice la muchacha, compasiva: "Y no pudiste parar, ¿verdad?"

LA MADURA MUJER le reclamó con energía al cirujano estético: "¡Se equivocó usted en el quirófano! ¡Yo vine a que me quitara las arrugas de la cara! ¡Usted me tomó por otra paciente, y me

agrandó las bubis de tal modo que casi se me salen del escote!"
"Tranquila, señora —contesta el facultativo—. ¿Quién va a mirar
ahora sus arrugas?"

EL MÉDICO LE informó a su paciente: "Tiene usted HILG". "¿HILG?
—se inquietó el hombre—. ¿Qué es eso?" Contesta el facultativo:
"Herpes, influenza, lepra y gonorrea. Lo pondremos en un cuarto
aislado, y lo someteremos a una dieta a base exclusivamente de
tortillas". "¿Con eso me curaré?" —inquiere angustiado el individuo. "No —responde el galeno con franqueza—. Pero es el único
alimento que podemos pasarle por abajo de la puerta".

SONÓ EL TELÉFONO, y el ginecólogo tomó la llamada. Era una de
sus pacientes, joven señora que le preguntó: "Doctor, ¿por casualidad dejé mi pantaleta en su consultorio esta mañana?" Después
de buscar le informa el facultativo: "No, señora. Aquí no la dejó".
"No se preocupe —dice ella—. Entonces debo haberla dejado en
el consultorio del dentista".

LA SEÑORITA HIMENIA Camafría, célibe madura, fue a ver a un psiquiatra, pues sentía la depresión que viene tras las fiestas de fin de
año. "Recuéstese en el diván —le pidió el analista—. Yo me pondré
de pie, frente a usted, y le iré mostrando unos dibujos. Usted me
dirá qué ve". Le muestra el primero. "¿Qué ve?" Responde ella: "Veo
lo que tienen los hombres". El psiquiatra se sorprende, pues el dibujo era de una mariposa. Le presenta el segundo dibujo: "Ahora,
¿qué ve?" Dice otra vez la señorita Himenia: "Veo lo que tienen los
hombres". El psiquiatra se asombró: el dibujo era de una flor. Saca
un tercer dibujo, éste de una casa. "¿Qué ve ahora?" —pregunta ya
impaciente—. "Veo lo que tienen los hombres" —repite una vez más
la señorita Himenia—. "Debe usted revisarse, señorita —concluye
el analista—. Le muestro una mariposa, una casa y una flor, y usted
solamente ve lo que tienen los hombres". "El que debe revisarse

es usted —replica la señorita Himenia—. Está de pie frente a mí, y tiene la bragueta abierta".

UN HOMBRE LE dice al traumatólogo: "Siento un dolor en esta pierna". El doctor toma un pequeño martillo percutor y con él da un leve golpe en la pierna. Se oye una tenue vocecita: "Necesito dinero". Da otro golpe el facultativo, y la vocecita se escucha nuevamente: "Necesito dinero". El traumatólogo se vuelve hacia el paciente y le dice: "Parece que su pierna está quebrada".

EL POQUI TAPOLLA fue con cierto doctor a fin de que le hiciera un examen general de salud. Al examinar al Poqui Tapolla, el médico se asombró al observar el reducidísimo tamaño de la parte viril de su paciente. Con mucho tacto le hizo notar esa penosa circunstancia. Dijo el Poqui: "Pero viera, doctor, qué buena me ha salido. Mi esposa y yo tenemos ocho hijos". Inquirió, curioso, el facultativo: "Y la notable pequeñez de la aludida parte, ¿no le causa problemas?" "A veces sí —reconoció Tapolla—. Por ejemplo, de día batallo mucho para hallármela". "¿Sólo de día? —se extrañó el galeno—. ¿En la noche no batalla?" "No —responde el Poqui—, porque en la noche somos dos los que buscamos".

LLEGÓ UN INDIVIDUO con el médico. "Doctor —le dice—. Soy padre ya de siete hijos. Mi esposa no admite ningún medio de control natal, y yo no me decido a hacerme una vasectomía. ¿Qué me recomienda?" Responde el facultativo: "Acaba de salir un nuevo anticonceptivo para hombres. Tome usted una cucharadita diaria de este frasco. Así ya no tendrá más hijos". A los tres meses regresó el individuo. "Doctor —le informó al médico—, otra vez mi esposa está embarazada". Pide el facultativo: "Déjeme consultar el vademécum, para ver qué señala sobre ese medicamento". Luego de leer le indica al tipo: "Dice el libro que quizá la dosis prescrita fue insuficiente. Después del nacimiento de este nuevo bebé empiece usted a tomar dos cucharaditas cada día, en lugar de una". Pasaron unos meses, y otra vez regresó el individuo. Desolado, le dijo al doctor: "Tomé dos cucharaditas diarias del medicamento, como me dijo usted, pero el aumento de la dosis no sirvió de nada. Nuevamente mi esposa está esperando". Solicitó el médico: "Permítame consultar otra vez el vademécum". Lee, y le comunica al sujeto: "Dice el libro que si dos cucharaditas tampoco dieron resultado, eso quiere decir que el medicamento se lo está tomando el hombre equivocado.

UN HOMBRE JOVEN acudió a la consulta de un urólogo. Le dijo: "Doctor, cuando era soltero embaracé a tres chicas. Ahora soy casado, y en tres años de matrimonio no he logrado aún embarazar a mi mujer". Le indica el facultativo: "La explicación es sencilla. Usted es de los animales que no se reproducen en cautividad".

A DESHORAS EL médico recibió una urgentísima llamada. "¡Venga pronto, doctor, se lo suplico! —clamaba con angustia una señora—. ¡Mi hijito se tragó un preservativo!" Saltó de la cama el galeno y rápidamente comenzó a vestirse para atender tal emergencia. En eso suena el teléfono otra vez. Era la misma señora. "Ya no se moleste en venir, doctor —le dice—. Mi esposo encontró otro".

DON LANGUIDIO ACUDIÓ a la consulta de un célebre facultativo, y muy apenado le manifestó que tenía problemas para izar el lábaro de su masculinidad. El médico, hombre sabio, le indicó: "Beba usted un centilitro de las miríficas aguas de Saltillo. Su esposa se lo agradecerá". Un rato después don Languidio, exultante, llamó por teléfono al doctor. Le dice con acento jubiloso: "¡Bebí esa dosis de las miríficas aguas de Saltillo! ¡En una hora ya he hecho el amor tres veces!" "Magnífico —lo felicita el médico—. Su esposa debe estar feliz". "Quién sabe —replica don Languidio—. A ella no la he visto".

UNA PAREJA LLEGÓ con el terapeuta sexual. Le dijeron que tenían problemas al efectuar el acto del amor, y le pidieron que los viera realizarlo y les hiciera algunas sugerencias. El facultativo los vio llevar a cabo el himeneo, y declaró que le parecía que lo hacían muy bien. Dos días después llegó de nuevo la pareja, y tanto él como ella insistieron en que el terapeuta los viera cumplir el rito natural. Otra vez lo realizaron en forma competente, y otra vez les dijo el especialista que pensaba que no tenían ningún problema, que todo andaba bien. La visita, sin embargo, se repitió dos días después, y tres veces la siguiente semana. Finalmente el facultativo les preguntó por qué hacían eso. "Doctor —responde el tipo—. En cada visita le pagamos a usted 300 pesos de honorarios. El motel nos cobra 400".

LA ENFERMERA IBA caminando muy pizpireta por el corredor del hospital. La detiene uno de los doctores. Reprimiendo la risa el médico le señala a la enfermera algo que ella no había advertido: traía un seno de fuera. "¡Ay doctor! —explica muy apenada la muchacha volviendo la dicha parte a su sitio—. ¡Estos internos que nunca dejan las cosas en su lugar después de usarlas!"

ENTRÓ AL CONSULTORIO del doctor una exuberante morenaza de muníficos, prolíficos, miríficos, magníficos y verídicos encantos naturales situados tanto en su parte delantera como en aquella que para sentarse le servía. Después de media hora sale la muchacha. Le indica el médico a su recepcionista: "Son 500 pesos, señorita". Ella tiende la mano para recibir el pago, pero desde la puerta le dice éste con voz feble: "No, señorita. Nosotros se los tenemos que dar a ella".

EL SEÑOR Y la señora entraron juntos en el consultorio del doctor. La enfermera hace pasar a la señora, que se quejaba de fuertes dolores. El médico la hace desvestirse, y al verla se queda consternado:

la pobre mujer tenía todo el cuerpo lleno de moretones y cardenales. "Es que mi marido me golpeó" —dice compungida al médico—. El doctor, indignado, llama al individuo. "¡Mire! —le dice hecho una furia mostrándole el cuerpo desnudo de la señora—. ¿No le da vergüenza?" "Sí" —responde muy apenado el tipo—. "Y a mí me da más vergüenza todavía —dice la mujer—. El señor no es mi marido".

A DON HULERO, señor algo cobarde, le dolía una muela. Por su medrosidad se resistía a ir con el odontólogo, pero tan grande se hizo su dolor que al fin se decidió. Lo examinó el dentista, y en tal estado halló la pieza que se determinó a sacarla. No pudo hacerlo, pues cada vez que acercaba la pinza a don Hulero éste apretaba los dientes, temeroso. Llamó aparte el facultativo a su enfermera y la instruyó. La siguiente vez que el odontólogo acercó la pinza fue la enfermera por abajo del sillón y le dio un apretón terrible a don Hulero en cierta parte muy sensible. Abrió la boca al gritar el lacerado, y ese momento lo aprovechó el facultativo para sacar la muela. "¿Lo ve usted? —conforta a don Hulero—. No dolió tanto". "¡Ay, doctor! —gime penosamente el infeliz—. ¡No sabía que las raíces de las muelas llegaran tan abajo!"

INMEDIATAMENTE DESPUÉS DE dar a luz a su hijo número catorce la señora fue a una tienda de aparatos para la sordera que estaba frente al hospital. "¡Doctor! —impetra con angustia—. ¡Ya tengo 14 hijos! ¡Ayúdeme, por favor!" "Se equivocó al venir aquí, señora —le aclara el médico encargado—. Yo soy especialista en audición. Lo que usted necesita es un ginecólogo". "¡No, doctor! —responde la mujer—. Soy dura de oído. Cada vez que llega del trabajo mi marido me pregunta: '¿Vemos la tele o qué?' Como no lo oigo bien siempre respondo qué. ¡Por eso ya tengo 14 hijos!"

DOÑA POMPONONA, SEÑORA de abundantísimo *derrière*, fue examinada por un médico. Le dice el facultativo: "Tiene usted inflamadas las meninges". "No, doctor —opone ella—. Lo que sucede es que así se me ven cuando estoy sentada".

UNA JOVEN Y guapa señora fue a consultar al médico. "Algo raro me pasa, doctor —dijo al facultativo—. Si me acuesto del lado derecho se me sube el hígado. Si me acuesto del lado izquierdo se me sube el riñón. Y si me acuesto boca abajo se me sube el estómago". Sugiere el galeno: "Pues acuéstese boca arriba". "¡No! —exclama con alarma la muchacha—. ¡Se me sube mi marido!"

EL MÉDICO LE comenta a la señora: "El otro día vi a su esposo en la calle y lo noté muy desmejorado. En ocasiones esa debilidad proviene de demasiado sexo. Dígale de mi parte que para evitar ese agotamiento haga el amor sólo una vez al mes". La señora se pone feliz. "¿Por qué se alegra?" —le pregunta el facultativo. Explica ella: "Es que ahora lo hace una vez al año".

"DOCTOR —DICE AL joven psiquiatra la curvilínea muchacha de exuberantes encantos corporales—. No puedo ver a un hombre sin sentir el irresistible deseo de entregarme a él. ¿Tiene eso algún nombre?" "Sí —responde el joven analista—. Para mí eso se llama buena noticia".

LLEGÓ UNA MUCHACHA con el médico. Le dijo llena de inquietud: "Cada vez que estoy con mi novio me salen unas extrañas manchas negras en el busto". La revisa el galeno y le pregunta: "¿Qué oficio o profesión tiene su novio?" Responde la muchacha: "Es carpintero". "Muy bien —dictamina el facultativo—. Dígale que cuando esté con usted se quite el lápiz de la oreja".

EN SU LECHO de muerte gime el enfermo: "¡No quiero morir! ¡No quiero dejar sola a mi esposa, esa bella, hermosa mujer, ese ángel de bondad de dulce carácter y encantador aspecto!" "El final se acerca —dice en voz baja el médico a la esposa—. Está comenzando a delirar".

"TUVE QUE HACER que el niño naciera por cesárea —informa el médico—. Estaba todo encogido, con la cabeza por un lado, en una postura muy incómoda". "¿Lo ves, Gelasio? —se vuelve la señora hacia su marido—. Te decía que en el Volkswagen no".

EL MÉDICO DICE a su curvilínea paciente: "Tiene usted un ligero problema de circulación. Deberá recibir masaje manual en todo el cuerpo dos veces al día. Siento decirle que ese tipo de masaje es muy caro". "No se preocupe, doctor. Recibiré masaje manual en todo el cuerpo sin que me cueste nada. De hoy en adelante me iré a la oficina en el camión".

"NO SÉ POR qué me da mala espina ese psiquiatra especializado en tratar mujeres —dice la muchacha—. Tiene un diván matrimonial".

EL SEÑOR FUE con el médico. Le cuenta: "Siento dolores en la espalda cada vez que me agacho, bajo las manos casi hasta el suelo, levanto un pie y lo bajo, después levanto el otro y lo bajo también, y luego me enderezo al mismo tiempo que me llevo las manos a la cintura". Le pregunta extrañado el doctor: "¿Y para qué hace esos movimientos tan extraños?" Contesta el señor: "Es la única forma que conozco de ponerme los calzones".

LA SEÑORA LE dice muy preocupada al ginecólogo: "Doctor, cuando mi hija va al pipisrúm a hacer del uno le salen pura moneditas". "¿Qué edad tiene su hija?" —pregunta el facultativo. "Trece años" —responde la señora—. "No se preocupe —la tranquiliza el médico—. Lo que sucede es que está en la edad del cambio".

MS. MO BYDICK, dama muy gorda, fue a que la examinara un especialista en nutrición. "¿Cómo me ve, doctor? —le pregunta muy preocupada—. ¿Estoy excedida de peso?" "Permítame revisarla —le contesta el médico—. A ver, abra la boca y diga 'Mú'".

EN UN CONGRESO odontológico se hablaba del tiempo que necesitaban los odontólogos de cada país para extraer una muela. El representante de un país totalitario dijo con orgullo que en su país los dentistas tardaban sólo una hora en hacer ese trabajo. "¡Una hora! —se asombran los demás—. ¡Nosotros podemos hacer una extracción en unos cuantos minutos!" "Sí —reconoce el otro—. Pero en los países de ustedes los pacientes pueden abrir la boca".

DOÑA FRIGIDIA ES la mujer más gélida del mundo. Cierto día pasó cerca de una alberca olímpica y la convirtió en pista de patinaje en hielo. Pues bien: don Frustracio, esposo de doña Frigidia, tuvo un accidente y perdió en él su parte de varón. "Podemos implantarle otra —le dice el médico que lo atendió—. Tamaño chico le cuesta 10 mil pesos; tamaño mediano, 20 mil; tamaño grande, 30 mil". "Quiero tamaño mediano" —pide don Frustracio—. "¿Por qué no consulta el caso con su esposa? —le sugiere el médico—. A lo mejor ella prefiere la tercera opción". Toma don Frustracio el celular y le plantea la cuestión a su mujer. Escucha la respuesta de doña Frigidia, cuelga y le dice al facultativo: "Dice que mejor va a cambiar la sala".

"DOCTOR —LE DICEN los recién casados—, estamos muy jóvenes y deseamos esperar un poco antes de tener nuestro primer hijo. ¿Qué nos recomienda?" "Para eso —dice el doctor—, el jugo de naranja es infalible". "¿Jugo de naranja? —pregunta el muchacho sorprendido—. "Sí —repite el médico—. Jugo de naranja". También muy intrigada pregunta la muchacha: "¿Antes de, o después de?" "No —responde el doctor—. En vez de".

EL MÉDICO SE sorprende al examinar a aquella paciente: tenía el seno largo, largo, largo, como listón. "¿Por qué está usted así, señora?" —le pregunta con asombro—. "Es que le doy el pecho a mi bebito, doctor" —le explica ella—. "Pero señora —le dice el médico—. Muchas señoras le dan el pecho a su bebito". "Sí —aclara la señora—. Pero el mío duerme en el otro cuarto".

LA ESPOSA DEL médico lo visitó en su oficina. "¡Qué feo está tu consultorio! —le dice—. Deberías aprender del doctor vecino que tiene su consultorio muy bonito, decorado con motivos propios de su especialidad". "Sí —reconoce el galeno—. Pero él es pediatra y yo soy ginecólogo".

EL FAMOSO CARDIÓLOGO murió y su esposa quiso que en su funeral fuera recordada la vida profesional de su marido. Hizo decorar la iglesia con pendones que mostraban corazones humanos; había por todas partes ramos de flores en forma de corazón, y al salir el féretro de la iglesia pasó por un gran arco, también hecho de flores en forma de corazón. Uno de los asistentes al sepelio reía por lo bajo al ver aquello. Le pregunta alguien: "¿Por qué se ríe usted?" Contesta el risueño individuo: "Estoy pensando en el decorado que pondrían en mi funeral. Soy ginecólogo".

LA PSICÓLOGA ESPECIALISTA en sexo les hablaba a las señoras acerca de la importancia que tienen las palabras en el sexo. Le pregunta a una: "Usted, señora ¿le habla a su marido durante el acto?" Responde la señora: "Únicamente si hay un teléfono a la mano".

EL GINECÓLOGO LE informa a la nerviosa chica: "Está usted embarazada". "No es posible —niega ella—. Tengo novio, sin embargo lo único que hacemos es platicar". Responde el facultativo: "Seguramente él le dijo alguna frase muy penetrante".

LA ENFERMERA CLISTERINA se quejó con el sindicato: el director del hospital había usado con ella una expresión impropia. La Comisión de Honor y Justicia fue a hablar con el doctor. ¿Qué le había dicho a la enfermera que tanto la ofendió? "Déjenme contarles" —empieza a relatar el médico—. Anoche tuve una operación que duró hasta las dos de la mañana. Llegué a mi casa, y estaba ya durmiendo cuando sonó el teléfono a las cuatro. Era la enfermera Clisterina. Me dijo que había un asunto urgente en el hospital que hacía necesaria mi presencia. Me levanté casi dormido, resbalé en el tapete, caí sobre el buró, quebré una lámpara y me hice una herida en la cabeza. Atontado me fui a bañar; el agua salió hirviendo, salté y resbalé en el piso. Me luxé una mano. Al rasurarme aprisa me hice una cortada en la mejilla. Salí rápidamente en mi coche y fui a chocar con el de un taxista que me hizo pagarle ahí mismo tres mil pesos. Llegué a todo correr al hospital, y la enfermera que se queja de mi lenguaje me informó cuál era el asunto urgente que requería mi presencia inmediata: se habían recibido diez termómetros rectales. Me preguntaba qué debía hacer con ellos. Yo lo único que hice fue decírselo".

UNA MUCHACHA JOVEN y rozagante se casó con un señor de edad más que avanzada. Como el marido nada de nada, la muchacha fue con un doctor y le pidió que le recetara algo a su marido, de modo que pudiera darle a ella algunas expresiones de rendido amor. El doctor recomendó unas píldoras cuyo efecto, dijo, era seguro y fulminante. Un mes después el doctor le pregunta a la muchacha "¿Qué resultados tuvieron las píldoras, señora?" "Extraordinarios, doctor —responde ella—. Tan pronto las tomó mi marido empezó a hacerme el amor tres veces diarias, en la mañana, en la tarde y en la noche". "Magnífico" —dice complacido el médico. "Y ayer —continúa diciendo la muchacha—, lo hizo otras cuatro veces antes de morir".

UNA MADRE LLEVÓ a su hija con el ginecólogo. Después de examinar a la muchacha el facultativo le informa a la mamá: "Señora, su hija trae una ligera enfermedad venérea". "¡San Acisclo! —exclama la mujer, que en los apuros solía invocar al santo del día—. Dígame, doctor, ¿es posible que mi hija haya adquirido esa enfermedad en un lavatorio público?" "Sí es posible —responde el galeno—. Incómodo, pero posible".

LA COMPAÑERA SENTIMENTAL de un afamado pintor era artista de cine y contrajo el mal llamado en oftalmología "ojo de Klieg", irritación constante de la conjuntiva motivada por la continua exposición a la intensa luz de los estudios cinematográficos. El pintor llevó a su amiga con un especialista, quien le aplicó a la dama el adecuado tratamiento y la curó. Días después el oftalmólogo llegó a su clínica y se asombró al ver ante él una multitud de reporteros de la prensa y la televisión, con cámaras, micrófonos y toda la parafernalia propia del oficio de informar. Sucedió que el famoso pintor, en agradecimiento, había pintado la noche anterior un enorme ojo a todo lo largo de la fachada de la clínica. "¿Qué opina usted de la obra?" —le preguntan los reporteros al facultativo—. El oftalmólogo contempla aquel ojo colosal y dice luego: "Me considero afortunado por no haber sido ginecólogo".

LA SEÑORA Y su hija en edad de merecer fueron a unos consultorios médicos. "Doctor —dice la señora—. Venimos con usted porque mi hija tiene un problema de inseguridad". "Me temo que se han equivocado ustedes —les dice el facultativo—. El consultorio del psiquiatra es el de al lado. Yo soy ginecólogo". "Precisamente, doctor —replica la señora—. La inseguridad de mi hija deriva de que no está segura de si está o no embarazada".

UNA MUCHACHA SOÑABA todas las noches que muchos hombres le hacían el amor y luego le pagaban con un billete de 20 pesos. Fue a ver al psiquiatra. Tiempo después alguien le preguntó cómo le había ido con el tratamiento. "Estupendamente —contesta muy feliz la chica—. Todavía sueño que los hombres me hacen el amor, pero ahora el que menos me paga me da 500 pesos".

AQUEL MÉDICO DE Nueva York examinó a su paciente y no encontró ninguna enfermedad en él. "Quizá lo que necesita —le dice— es un poco más de diversión. ¿Cada cuándo está usted con muchachas?" Se queda pensando el hombre y responde: "Unas ocho o diez veces al año". "¿Lo ve? —exclama triunfalmente el médico—. Ahí está la raíz de su problema. Yo soy solamente un poco menor que usted, y sin embargo hago el amor ocho o diez veces al mes". "Sí —concede el otro—. Pero no es lo mismo ser médico en Nueva York que obispo en una ciudad pequeña".

LE DICE EL médico al enfermo: "Siento mucho darle esta noticia. Le quedan a usted solamente seis meses de vida". "¡Santo Cielo! —exclama el paciente, desolado—. ¿Qué puedo hacer, doctor?" "Dígame —pregunta el médico—. ¿Fuma usted?" "Tres cajetillas diarias" "¿Y bebe?" "Todos los días". "¿Y se desvela con amigos?" "Todas las noches". "¿Y sale con mujeres?" "Siempre que se puede". "Muy bien —concluye el médico—. A partir de ahora, nada de cigarros, nada de vino, nada de parrandas, nada de mujeres".

Pregunta el paciente, esperanzado: "¿Y así viviré más tiempo?" "No —le contesta el médico—. Pero se le va a hacer más largo".

EN EL HOSPITAL el médico le pregunta al señor que estaba en su cama vendado de pies a cabeza: "Don Malsinado, ¿cómo es que si estaba usted dormido se cayó de la ventana del segundo piso?" Explica el paciente: "Mi esposa y yo somos muy despistados. Regresé de un largo viaje, y ya dormíamos los dos cuando se oyó abajo un fuerte ruido. Mi señora despertó y dijo muy asustada: '¡Mi marido!' Yo salté de la cama y me tiré por la ventana".

UNA MUCHACHA FUE con el dermatólogo. "Doctor —le dice—, estoy muy preocupada pues me han salido en el busto unas extrañas manchas rojas". El doctor le pidió que le mostrara la región afectada por la coloración, y la chica puso al descubierto las ebúrneas redondeces de su turgente galacterio. Echó un vistazo el médico al ubérrimo tetamen. Luego echó otro vistazo, y otro, y otro. Después de aquella concienzuda observación —el médico era un profesional— dictaminó: "Lo que sucede, señorita, es que tiene usted rozado el pecho. Aquí lo que hace falta es un cambio de navajas de rasurar". "No las uso, doctor —replica ella mortificada—. Nunca he tenido vello en el pecho". "No me refiero a usted —precisa el médico—. Digo que hace falta que su novio cambie de navajas de rasurar".

SUSIFLOR, MUCHACHA DE muy buen ver y de mejor tocar, llama por teléfono muy preocupada al médico. "¡Doctor! —le dice con alarma—. ¡Confundí los frascos de las medicinas, y en vez de tomarme las píldoras tranquilizantes me tomé varias pastillas de un poderoso afrodisiaco! ¿Qué hago?" Responde con prontitud el facultativo: "Métase ahora mismo en la cama, señorita Susiflor. ¡Voy inmediatamente para allá!"

PREGUNTA UNA ENFERMERA a otra: "¿Por qué traes el termómetro en la oreja?" Responde la otra consternada: "¡Qué barbaridad! ¿A cuál de los pacientes le pondría ahí mi lápiz?"

EL PACIENTE SUFRÍA de fuertes dolores en la espalda. Le dice el médico: "Yo tenía exactamente los mismos síntomas que usted. Se trata de un simple problema muscular. Mi esposa me daba un masaje suave, luego hacíamos el amor, y con ese agradable tratamiento se me quitaron los dolores". Una semana después el paciente llamó al médico. Le dice: "Doctor, seguí su mismo método y los dolores también se me quitaron. Por cierto, lo felicito. ¡Qué bonita casa tiene!"

MESEROS

AQUEL SUJETO LLEGABA todos los días al pequeño restaurante, y después de estudiar largamente el menú pedía siempre lo mismo: huevos con jamón. Uno de esos días, por broma, la mesera rascó con sus uñas la línea del menú donde venía ese platillo. Quería ver cómo reaccionaba el individuo. Llegó éste y, como hacía siempre, pidió el menú. Se desconcertó al no ver ahí su platillo favorito. La mesera le dice, sonriente: "Rasqué lo que a usted más le gusta". Replica el individuo: "Entonces lávese las manos y tráigame unos huevos con jamón".

EN EL RESTAURANTE el señor pidió un huevo duro. No se lo sirvieron como lo había pedido de modo que llama al mesero y le reclama: "Este huevo está blando". Levanta el plato el mesero y ordena con energía: "¡Te me callas!"

LLEGÓ UN SUJETO al restaurante y le pidió a la mesera el platillo del día. Se lo lleva la muchacha. "¿Qué es?" —pregunta el tipo—. Responde la muchacha: "Ternera con huevos". "Ah —dice el sujeto—. Entonces es ternero".

EN EL RESTAURANTE la guapa señora le pregunta al encargado: "Perdone, ¿el tocador de señoras?" Haciendo una elegante reverencia dice el tipo: "Con él está usted hablando".

MIGRANTES

UN MEXICANO LLEGÓ a un rancho de Texas y le pidió trabajo al dueño. "¿Cómo llamarte tú?" —le pregunta el norteamericano—. "Agapito —contesta el recién llegado—, pero me dicen Pito". "Estar bien —dice el granjero—. Tú cavar una zanja para tubería del agua". Poco después llegó otro mexicano, también en busca de empleo. Le pregunta el de la granja: "Tú, ¿cómo llamarte?" Contesta el otro: "Pancho". "Estar bien —indica el texano, cuyo conocimiento del español, lo mismo que del inglés, era bastante limitado—. Tú cavar una zanja con el Pito". "Caramba, *mister* —se rasca el mexicano la cabeza—. ¿Por qué no me da aunque sea un pico y una pala?"

DOS INDOCUMENTADOS HABÍAN tratado en repetidas ocasiones de atravesar la frontera. Los guardias norteamericanos los sorprendían siempre, y después de detenerlos los deportaban otra vez. A uno de ellos se le ocurrió una idea: "Vamos a pasar cubiertos con un cuero de vaca —le dice a su compañero—. Así no nos descubrirán". En efecto, se consiguieron una piel de vaca, y cubriéndose los dos con ella caminaron, uno adelante y otro atrás, hasta pasar la frontera. Se iban internando ya en territorio americano cuando el que iba atrás le dice a su compañero: "Alguien viene. Aprieta el paso". El que ocupaba el sitio de adelante se vuelve y le dice al otro: "El que viene es un toro. Tú aprieta todo".

AQUEL PAISANO REGRESÓ a su pueblo después de trabajar todo el año en Estados Unidos. Un vecino le preguntó a su hijo: "¿Trajo muchos dólares tu padre?" "Dólares no sé —responde el chamaquito—. Lo que trajo fueron muchas fuerzas porque nomás entrando tumbó en la cama a mi mamá."

UN MEXICANO QUE estaba "al otro lado" llega al telégrafo y dicta al encargado el telegrama que quería enviar: "A mi primo Belarmino, en Huinguitoxtiquillo". "¿Cómo se pone Huinguitoxtiquillo?" —pregunta el empleado—. El mexicano le deletrea la palabra y sigue dictando: "Te aviso, primo, que ya me estoy aventando a la comadre Harvegiliana". "¡Oiga! —se espanta el encargado—. No puedo enviar ese telegrama. Su contenido atenta contra la moral". El mexicano le entrega un billete de 50 dólares. "Está bien —dice el empleado—. Haré una excepción. ¿Y cómo se pone Harvegiliana?" Responde muy orgulloso el mexicano: "Bocarriba, de ladito, en todas formas…"

··
‿

MONJAS Y MONJES

HABÍA CAÍDO YA la noche cuando un elegante caballero llegó al convento de la Reverberación. Con una capa española se protegía del viento nocturnal, y un amplio chambergo de negro color cubríale la cabeza. El visitante hizo sonar la campanilla que servía para anunciar que en la puerta había alguien. Abrió un visillo la madre portera y preguntó: "¿Quién a deshoras turba la paz de esta casa de oración?" Con otra pregunta respondió el recién llegado: "¿Puedo hablar con la abadesa del convento?" Replica la portera: "La madre abadesa se ha retirado a su celda. Está leyendo ahora el *Libro de horas*, o alguna piadosa página del *Flos sanctorum*. Por ningún motivo, así sea muy grave, puedo interrumpir sus piadosas lecturas". "En ese caso —replica el caballero— ¿podría yo hablar con alguna de las reverendas madres?" Contesta la portera: "Todas están ya recogidas". "¡Señora mía! —prorrumpe, impaciente, el caballero—. ¡No me interesa la vida privada de las hermanas! ¡Yo lo único que quiero es comprar una botella de rompope!"

SOR BETTE, DULCE monjita perteneciente al convento de la Reverberación, asistió a la fiesta que ofreció la curia con motivo del onomástico del señor obispo. Después de la cena los invitados empezaron a contar chistes, blancos todos, y por tanto ñoños. Dijo sor Bette, ruborizándose: "Yo sé uno muy bueno, pero me da pena contarlo, pues contiene palabras malsonantes". "Nárrelo usted —autorizó el obispo—, suavizando, si puede, tales términos. Recuerde lo que Tíbulo escribió en su *Elegía* segunda: *Dicamus bona verba*. Hablemos sólo con palabras buenas". "Muy bien —respondió sor Bette tímidamente—. La primera de esas palabras malas, con perdón de Su Excelencia, empieza con ca- y termina con -brón. Para sustituirla yo diré 'camión'. La segunda palabra, con permiso de Su Señoría, empieza con pu- y acaba con -ta. En su lugar yo diré 'ruta'. Y la tercera comienza con pen- y acaba con -dejo. Si el Excelentísimo Señor me lo permite, yo diré 'conejo'. ¿Les parece bien?" "Todos entenderemos —se dignó contestar el jerarca—. Empiece usted su narración". "Gracias, Su Excelencia —respondió con dulzura la monjita—. Empiezo, entonces. Una vez, hace un chingamadral de años..."

LA MADRE SUPERIORA andaba de muy buen humor, de modo que le extrañó escuchar que todas las novicias le decían: "Se levantó usted del lado equivocado de la cama, madre". Eso se dice cuando alguien trae el genio disparejo. Así, les preguntó: "¿Por qué dicen que me levanté del lado equivocado de la cama?" Responde una: "Porque trae usted las pantuflas del padre capellán".

ESTAMOS EN LA Edad Media. Un grupo de monjes jóvenes iban por el camino de la aldea. Pasaron por un regato donde estaban lavándose las mozas del lugar. Se miraba la ebúrnea blancura de sus carnes; se veían senos alabastrinos, torneadas piernas, muslos de albeante mármol y grupas marfilinas. Pasó el desfile de los monjes, y el que iba al final le dice a su compañero: "Qué bueno que nuestros hábitos no son de bronce, hermano. ¡Las campanadas que se escucharían!"

EL MISIONERO IBA por la playa con un nativo cuando unos arbustos se movieron. Ambos fueron a ver qué sucedía y vieron a una pareja en situación bastante comprometida. El catecúmeno pregunta al misionero cómo describía lo que acababan de ver. El misionero tose, carraspea y luego dice: "Es un hombre viajando en su bicicleta". A los pocos pasos otros arbustos se sacuden. El misionero ya no se atreve a mirar, pero el indígena va, se asoma, y luego sin decir palabra dispara con su arco una certera flecha hacia los arbustos. "¿Por qué hiciste eso?" —pregunta asombrado el misionero—. Y responde el indígena: "Hombre viajando en mi bicicleta".

SOR DINA, LA anciana madre superiora, iba con sor Bette, joven hermanita, por un oscuro callejón. Les salió al paso un individuo y cebó en sor Bette sus rijosos instintos de carnal libídine, su lujuriosa sensualidad, lúbrica pasión concupiscente, erótico apetito venéreo, lasciva incontinencia impúdica y obscena salacidad intemperante. (Al hacer tal cosa el sujeto incurrió en *Raptus* [*Violentia facta personae, libidinis explendae causa*] y *Sacrilegium carnale* [*Violatio personae, rei locive sacri per actum venereum*]. *N. del A.*) Ya en el convento sor Dina les contó a las demás monjitas lo que a sor Bette le había sucedido. "Llamen a un médico" —les pide con angustia—. Sugiere una de las hermanas: "Que sea cirujano plástico. Primero hay que quitarle esa sonrisota que trae".

A MIS LECTORES en el extranjero les diré que en México los buhoneros son llamados "varilleros". Son comerciantes que van de pueblo en pueblo ofreciendo la mercancía que cargan. Pues bien: un varillero llegó a un convento de monjitas y les mostró unos chales. "Los dos son de lana —les dijo—. Éste cuesta 20 pesos; éste otro cuesta 100". "¿Por qué tanta diferencia?" —pregunta la superiora. Contesta el hombre: "El de 100 pesos es de lana virgen". La reverenda madre se vuelve a sus novicias y les dice: "Para que vean, hijas, el alto valor que tiene la pureza".

LA MADRE SUPERIORA, de pie frente a las chicas del colegio, les dirigía un sermón: "Todas ustedes deben sentirse puras, y por lo tanto dignas de ir al cielo. No creo que haya en el grupo ninguna pecadora, ninguna que no aspire a la eterna bienaventuranza". Luego, para dar mayor énfasis a su oratoria, pregunta: "¿Hay alguna aquí que por sus pecados de impureza, por haberse entregado a la concupiscencia de la carne, no se sienta merecedora del paraíso celestial? Si la hay, que se ponga de pie". Se produce una larga pausa cargada de tensión. Después de un rato se levanta una muchacha. "¿Cómo? —se queda estupefacta la reverenda madre—. ¿Tú eres impura? ¿Tú te has entregado al horrible pecado de la carnalidad?" "No sor Bette —responde la muchacha—. Pero sinceramente me dio pena de que usted fuera la única que estuviera de pie".

MUJERES

LA MUJER ES como los cinco continentes: de los quince a los dieciocho años es como África: territorio virgen e inexplorado. De los dieciocho a los treinta es como Asia: ardiente y llena de misterios. De los treinta a los cuarenta y cinco es como América: ya muy explorada pero aún reservando sorpresas. De los cuarenta y cinco en adelante es como Europa: muy visitada pero todavía con puntos de interés. Después es como Australia: todo mundo sabe que ahí está pero nadie muestra mucho interés en ella.

LA CHICA DE tacón dorado fue llevada a juicio por ejercer su profesión en la vía pública. Le pregunta con voz severa el juez: "¿Tiene usted algo que ofrecer al jurado en su defensa?" "Un par de cosas —responde ella—. Pero precisamente por andarlas ofreciendo me trajeron aquí".

A AQUELLA CHICA le decían "El bicarbonato". Cuando salía con un hombre lo hacía estar repite y repite.

ACABA DE APARECER una nueva línea de bikinis. Se llaman "Salario". Apenas alcanzan a cubrir lo estrictamente necesario.

"EN LA PLAYA puedes ver dos clases de muchachas". "¿Cuáles?" "Las que dicen que los trajes de baño que dejan ver las pompas son muy inmorales, y las otras, las que tienen buenas pompas".

43

"LAS COPAS ANTES de la comida se parecen a las bubis de la mujer". "¿En qué?" "En que una no es suficiente y tres son demasiadas".

LE PREGUNTA ALGUIEN al pintor de desnudos femeninos: "¿Por qué ese cuadro, más pequeño que todos los demás, cuesta más caro?" Responde el artista: "Atrás tiene el teléfono de la modelo".

"SEÑORITA, VEO QUE lleva usted el *jersey* de nuestro equipo de futbol. Nadie puede usar esa prenda a menos que sea del equipo". "Anoche lo fui".

A ESA MUCHACHA le dicen en su pueblo "El servicio militar". Todos los hombres mayores de dieciocho años han pasado por ella.

A ESA MUCHACHA le dicen "La Torre de Pisa". Tiene la inclinación, pero todavía no cae.

"¿QUÉ EDAD LE calculas a Veteria?" "No sé. Pero en su última fiesta de cumpleaños todos los invitados se broncearon con la luz de las velitas del pastel".

A AQUELLA MUCHACHA le decían "El café". Cuando estaba con un hombre no lo dejaba dormir en toda la noche.

"¿Y QUÉ OPINA usted del sexo en la televisión?" —pregunta un sesudo investigador a una muchacha—. "Es muy malo —responde ella—. Las televisiones generalmente son muy chicas, han de calar mucho y siempre se resbala uno".

"¿POR QUÉ USAS en las medias ligas negras, Facilisa?" "Lo hago en recuerdo de quienes han pasado al más allá".

"NO VEO POR qué soy tan popular con los hombres" —decía la curvilínea rubia a su amigo—. "¿Será por mi hermosa cabellera?" "No" —le responde el amigo—. "¿Por mi encantadora sonrisa?" "Tampoco" —dice nuevamente el amigo—. "¿Por mi simpatía y mi belleza?" "No". "Me doy" —dice la muchacha—. "Por eso" —dice el amigo—.

EN LA PLAYA Rosibel y Susiflor veían a los atléticos bañistas que pasaban. Exclama Susiflor mirando a uno: "¡Qué tipazo!" "No te fíes de las apariencias —le aconseja Rosibel—. Conozco a un tipo que vive en una casa con dos garajes, y sólo tiene una bicicletilla".

DESDE LA PARTE de atrás del atestado autobús pregunta en voz muy alta la curvilínea muchacha: "Perdón, señores: ¿alguien sabe cantar allá adelante?" Le dice el chofer: ¿"Por qué quiere saber eso?" Responde ella: "Porque acá todos están tocando".

UNA NUEVA RICA contrató a cierto arquitecto de renombre a fin de que le hiciera su casa. El profesionista le construyó la residencia, y le puso alberca con jacuzzi. No cesaba la ricacha de hablar de su mansión. De lo que más presumía era de la piscina. "Desayuno

—decía— y me echo a mi jacuzzi. Después de comer duermo la siesta, y otra vez me echo a mi jacuzzi. Y luego de cenar, para dormir a gusto, de nuevo me echo a mi jacuzzi". Una señora comentaba después con su marido lo que había oído decir a la ricacha. Le pregunta el hombre: "¿Y quién es su marido?" "No sé si esté casada —responde ella—. Pero tiene un amigo extranjero llamado Jacuzzi. Y ha de estar agotado el pobre, porque la mujer esa no lo deja en paz".

DOÑA PANOPLIA, DAMA de sociedad, estaba muy a disgusto con la mucama de la casa, y se lo dijo. "No sé por qué no le agradan mis servicios —alegó ella, irritada—. Cocino mejor que usted, y llevo la casa mejor que usted". "¿Quién te dijo eso?" —se amoscó doña Panoplia. "Su marido —replicó la muchacha—. Además, en la cama soy mejor que usted". La copetuda señora se amoscó aún más. "¿También eso te lo dijo mi marido?" "No —responde la mucama—. Eso me lo dijo el chofer".

UGLILIA, MUJER BASTANTE fea, mandó su foto al Club de Corazones Solitarios. Recibió la siguiente respuesta: "No estamos tan solitarios".

EN LA SALA de maternidad, la joven madre del recién nacido hojeaba con mucha concentración el directorio telefónico. Una enfermera le pregunta: "¿Puedo ayudarla en algo, señora?" Contesta la mamá: "Estoy buscando cómo se llamará mi hijito". La enfermera le informa: "Tenemos aquí en el hospital un libro con nombres para los bebés". Replica la madre del pequeño: "Nombre ya tengo. Lo que le falta al niño es apellido".

AQUELLA CHICA, LLAMADA Farfa Llosa, era tartamuda. Un labioso galán le pidió la cesión, dación, entrega o rendimiento de su más íntimo tesoro. Ella respondió que no era de esa clase de mujeres. Pero cuando acabó de decirlo ya lo era.

LA LINDA CHICA se probó en la tienda un negligé, pero le pareció que tenía mucho escote. Llama a la vendedora y le pregunta: "¿Piensa que el escote de este negligé está muy pronunciado?" Pregunta a su vez a la chica: "¿Tiene usted vello en el pecho?" "¡Claro que no!" —protesta la muchacha. "Entonces —concluye la vendedora—, el escote sí está muy pronunciado".

TRES MUJERES, UNA muy joven, otra no tanto, y la tercera ya algo madura, brindaban en su reunión de fin de año. Dice la más joven levantando su copa: "¡Por ellos, aunque mal paguen!" Brinda la ya no tan joven: "¡Por ellos, aunque no paguen!" Y remata con afligido acento la de más edad: "¡Por ellos, aunque tenga que pagarles!"

UN SEÑOR Y una señora estaban en la esquina aguardando el autobús. De pronto vino una ráfaga de viento. Levantósele el vestido a la señora, y viósele todo lo que en manera eufemística se llama tafanario, posas, cachas, región glútea, antifonario o traspuntín. El señor, caballeroso, le dice a la mujer para disimular el incidente: "Mucho aire, ¿verdad?" "Sí —responde secamente la señora—. Pero no mío ¿eh?"

DISCUTÍAN UN SEÑOR y una señora acerca de quién experimenta más placer al realizar el acto del amor, si el hombre o la mujer. El señor sostenía que es el hombre el que siente la mayor satisfacción. Le dice la señora: "Permítame una pregunta. Tiene usted comezón en el conducto interno de la oreja, y se rasca con el dedo meñique. La comezón desaparece. ¿Dónde siente usted mayor placer: en la oreja o en el dedo?" "En la oreja, desde luego" —responde sin vacilar el hombre—. Y exclama con acento de triunfo la señora: "Ah, ¿verdad?"

DICE LA ENCOPETADA señora de la casa: "Mi abuelo era ruso blanco". Y dice un invitado: "Mi abuela era rusa morada". Enarca las cejas la anfitriona. "No hay rusos morados". "Sí los hay —replica el otro—. Vivíamos en Siberia, donde hace mucho frío. Una vez íbamos por el bosque en lo más crudo del invierno, y mi abuelita tuvo que hacer del uno. Le vi las pompis, y le aseguro a usted que las tenía moradas".

VAN DOS MUCHACHAS por la calle y ven a un individuo más feo que Picio. "¡Qué hombre tan feo! —exclama una—. ¡En vez de pajarito ha de tener murciélago!"

LA SEÑORA, PARTIDARIA de los métodos naturales, criticaba desfavorablemente a una joven madre que alimentaba a su bebé con biberón. "A los niños hay que darles el pecho —sostenía, pues es la única manera de conseguir que crezcan sanos y bien alimentados". "Oye no —interviene en eso otra señora— Mira a mi hijo de 25 años, lo alto, fuerte y bien constituido que está, y jamás probó el pecho sino hasta el día que se casó".

A AQUELLA MUCHACHA le decían "La diez para las dos". En esa posición tenía las piernas casi siempre.

¿LES GUSTAN A las mujeres los hombres de muslos gruesos o de muslos delgados? Se hizo una encuesta, y el 98 por ciento de las damas respondieron que les gusta más bien lo intermedio.

UNA MUJER PROCEROSA —es decir, grandota— se presentó ante el juez y se quejó de haber sido víctima de violación, con pérdida total. Acusó del delito a un individuo de estatura tan baja que el pobre se manchaba la nariz con el betún de sus zapatos. El sujeto, explicó la acusadora al juez, la había forzado estando ambos de pie. "No entiendo —replica el severo juzgador—. Las leyes de la física, de Anaximandro a Zeeman, rechazan de consuno su versión. ¿Cómo pudo forzarla este individuo si ofendida y ofensor estaban en posición vertical —así lo dice la declaración de usted—, y él mide 1.50 de estatura, en tanto que usted alcanza 1.90? Deberá usted demostrar su acusación. *Facta non verba*, hechos no palabras. Recuerde que *testis unus, testis nullus*, un solo testigo es igual que ningún testigo, y que *sapiens nihil afirmat quod non probet*, el sabio no afirma nada que no pueda probar. Además, *adhuc sub judice lis est*, este pleito se halla aún en proceso, y quiero *cuique suum tribuere*, dar a cada quien lo suyo. *Amicus Plato, sed magis amica veritas*. Platón es amigo, pero me es más querida la verdad. Mi profesión me mueve a dedicar mi vida a ella: *vitam impendere vero*. Declare usted entonces para favorecer su causa, *pro domo sua*, y firme su declaración. *Verba volant; scripta manent*, las palabras vuelan, los escritos permanecen. Ya escucharé yo a la otra parte, *audi alteram parte*, aunque con precaución, pues bien sé que *omnis homo mendax*, todo hombre es mentiroso, y dictaré mi sentencia sin caer en extremismos —*in medio stat virtus*, la virtud está en el justo medio— y sin rigor en la actitud, tomando en cuenta que la aplicación rigurosa del derecho puede ser causa de grandes injusticias, *summum jus, summa injuria*". La mujer escuchó aquella sarta de latinajos y se quedó *in albis*, o sea, en blanco. "Explique usted —reiteró el juez— cómo pudo violarla el acusado si los dos estaban de pie y usted mide 1.90 sin zapatos y él apenas llega a 1.50, y eso calzando botas vaqueras con tacón de doble altura". Contesta un poco apenada la mujer: "Bueno, quizá me agaché un poco... "¡Mentecata! *Volente non fit injuria*. No se hace injusticia a quien consiente".

∵

DOS MUCHACHAS ESTABAN platicando. Una de ellas le pregunta a la otra: "¿Es cierto que Baborina sale con todos los marinos que llegan al puerto?" "Te diré —responde la otra—. Ha salido con tantos marineros que ya las bubis y las pompas le suben y le bajan con la marea".

NALGARINA GRANDCHICHIER, MUJER de anatomía exuberante, le hizo una confidencia a su vecina. "Estoy teniendo una relación con un hombre casado —le contó—. Es muy feo, es el hombre más tonto del mundo, no tiene en qué caerse muerto y es malísimo en la cama, pero no sé por qué le he tomado cariño y no lo puedo dejar". Esa noche la vecina le pregunta a su marido: "¿Estás teniendo una relación con Nalgarina?"

LIBIDIO PITONIER, HOMBRE de mundo, describía así la diferencia que hay entre una mujer de ocho años y una de dieciocho. Decía: "A la de ocho años la metes en la cama y le cuentas un cuento. A la de dieciocho le cuentas un cuento y la metes en la cama". (Y la de veintiocho, añado yo, te dice: "Ya déjate de cuentos y vamos a la cama". *N. del A.*)

EN UNA FIESTA conversaban tres señoras. Dice una: "Mi hijo es el mejor médico de la ciudad". Dice otra: "Mi hijo es el mejor abogado de la ciudad". Dice la tercera: "Mi hijo es el mejor travesti de la ciudad. Y vive muy bien, pues tiene dos amantes que le compran todo lo que quiere. Yo no los conozco, pero dice mi hijo que uno es el mejor abogado de la ciudad, y el otro el mejor médico".

LA CHICA DE mala vida insistía en hacer su trabajo con la luz apagada. "Veinte clientes despacho cada noche" —decía con orgullo—. "¿Y no te cansas?" —le pregunta con asombro una compañera—. "No —responde ella—. La que debe cansarse es mi tía Burcelaga. Yo cobro y ella hace el trabajo".

EN LA FIESTA se acaban de conocer las dos muchachas. Le cuenta una a la otra: "Yo encontré al marido perfecto en una fiesta así". "¡Fabuloso! —dice la otra—. ¿Y han sido muy felices?" "No —contesta la muchacha—. Nos han estorbado mucho mi esposo y la mujer de él".

A AQUELLA MUCHACHA le decían "La 9". Sin la colita era un cero.

DOÑA ALTHORNIA, NUEVA rica, visitaba una galería de arte. Un guía le mostraba los cuadros: "Éste es un Monet; éste un Renoir..." "Y éste —señala doña Althornia con tono de sabihonda— indiscutiblemente es un Picasso". "No, señora —la corrige el guía—. Es un espejo".

EL JET IBA a hacer un aterrizaje de emergencia. La ingenua muchacha le dice a su audaz compañero de asiento: "Perdone usted, señor, efectivamente oí el aviso de que hay que poner la cabeza entre las piernas, pero creo que cada quien en las suyas".

A AQUELLA MUCHACHA, bastante gordita ella, le dicen "El dólar". Le importa madre el peso.

A ESA CHICA le dicen "El crucigrama". Empieza vertical y acaba horizontal.

A AQUELLA MUCHACHA le decían "La mala estudiante". Estaba re-probada.

FRASE DE MODA de cuyo contenido no me hago responsable y que repruebo por un elemental instinto de la conservación: "Detrás de cada gran hombre hay una gran mujer. Y en medio una esposa ingue e ingue e ingue".

¿POR QUÉ FLACIDICIA se dio un balazo cerca de la rodilla? Porque se iba a suicidar, preguntó dónde estaba el corazón y alguien le dijo que a la altura del seno izquierdo.

A ESA MUCHACHA le dicen "El Canal 2". Cualquiera puede pescarla, especialmente en la noche.

MUY DE MADRUGAda salió el lechero de aquella casa. Por la ventana asoma la señora. Traía en las manos una prenda de ropa interior masculina. Le grita al lechero: "¡Galateo! ¡Se le olvida el envase!"

LA SEÑORA MÁS que gorda entró al avión llevando dos pases de abordar. Le pregunta la azafata: "¿Dónde está la otra persona?" "Mire usted —explica la señora gorda con un cierto rubor—. Como soy algo amplia de caderas me resulta molesto viajar en un solo asiento, de modo que siempre compro dos. Espero que eso a usted no le incomode". "A mí no —responde la muchacha—. La que puede ir incómoda es usted. Le dieron los asientos 8A y 23F".

EL ELEGANTE CABALLERO decía a una guapa chica: "¿Un cigarrito?" "Gracias —responde la chica—. No fumo". "¿Una copita?" —ofrece el caballero. "Gracias —contesta ella—. No bebo". "¿No te gustaría ir a bailar un rato?" "Gracias —dice la muchacha—. No bailo". "Entonces —dice el caballero—, ¿no te gustaría ir a un sitio apartado conmigo?" "No —dice ella—. Soy incapaz de eso". "¿Qué no acostumbras hacer nada malo nunca?" —pregunta divertido el señor—. "Sí —dice la muchacha—. Soy muy mentirosa".

BUSTOLINA GRANDCHICHIER IBA en el elevador. "No esté empujando, señorita" —protestan los demás que iban con ella. "No estoy empujando —se defiende ella—. Estoy respirando".

PIRULINA HACÍA UN razonamiento para explicar su alegre conducta liberal: "Debes usar lo que te dio la Madre Naturaleza antes de que te lo quite el Padre Tiempo".

UN SEÑOR QUE quería averiguar cierta dirección se dirige en la calle a una guapa chica: "Perdone, señorita —le dice—. ¿Me permite un segundo?" "Con todo gusto —responde la muchacha—. Pero dígame, ¿cuándo le permití el primero?"

POR TRES CAUSAS han entregado muchas mujeres la flor impoluta de su doncellez. Esas tres causas se expresan con palabras que empiezan en IN y terminan en ENCIA. Son: INOCENCIA, INSOLVENCIA O INSISTENCIA.

EN EL CLUB de señoras la conferencista hablaba del tiempo: "¿Saben ustedes —pregunta a sus oyentes— cuántos segundos hay en un año?" "¿Segundos? —dice una señora—. Yo me conformaría con unos cuantos primeros".

LAS FEMINISTAS SE alegran mucho si alguien les dice que la mujer es igual al hombre, pero se molestan bastante si les dice alguien que el hombre es igual a la mujer. Una adalid del feminismo declaró en un congreso: "La verdad es que el hombre sólo tiene una diferencia en relación con la mujer". "Es cierto —le dice en voz baja una señora a su vecina de asiento—. Y mientras más grande tenga la diferencia, es mejor".

EL ENCARGADO DE la librería le ofrece a la señora: "Este libro es muy bueno. Se llama *El cardenal*". "No leo libros católicos" —responde secamente ella—. "Perdone usted —aclara el librero—. El libro es acerca del pájaro". Exclama escandalizada la mujer: "¡Pornografía menos!"

DOS MUJERES ESTABAN intercambiando confidencias. Una era protestante, la otra católica. Dice la protestante: "Estoy en relaciones con un hombre casado de mi iglesia. Nos encontramos una vez por semana en un motel. Yo lo abrazo... Él me abraza... Pero como nuestra iglesia nos prohíbe la fornicación entonces nos ponemos a cantar himnos protestantes". Dice la católica: "Yo también tengo relaciones con un hombre casado de mi iglesia. Nos encontramos igualmente una vez por semana en un motel. Yo lo abrazo... Él me abraza... Pero como no sabemos himnos protestantes entonces nos ponemos a follar".

EL RICO CABALLERO llegó al departamento de la frívola muchacha. Ella lo recibió envuelta en una toalla. "¡Caray, don Crésido! —le dice—. Hoy llega usted muy temprano. ¡Apenas me estaba disponiendo a asear el negocio!"

DOÑA POMPILIA, SEÑORA robusta y de frondoso tafanario, fue a una tienda donde vendían alfombras persas. Se inclinó para mirar de cerca la trama de una que el encargado le mostraba, y al hacerlo dejó escapar un ruido sospechoso. Lo oyó el empleado y dijo a la robusta dama: "Cuidado, señora. Si eso le sucedió al mirar la alfombra, quién sabe qué le pueda pasar cuando conozca el precio".

IBA POR LA calle una estupenda chica de exuberantes curvas. "¡Qué cuerpo! —le dice un tipo al pasar—. ¡Como para hacer menudo!" "¡Majadero! —exclama indignada la linda muchacha—. ¡El menudo se hace con carne de res!" "No, preciosa —aclara el tipo—. ¡Como para hacerme nudo contigo!"

SE CASÓ SUSIFLOR. Al mes de su matrimonio la fueron a visitar unas amigas. Le dicen: "Suponemos que te ha ido muy bien en tu matrimonio, pues Chiclo ha sido siempre muy cariñoso contigo. Cuando novios jamás se separaba de tu lado". "No ha cambiado —responde Susiflor—. Antes no se separaba de mi lado, y ahora no me lo quito de encima".

LAS SEÑORAS HABLABAN de cosas íntimas en su merienda semanal. El tema era la frecuencia amatoria de sus respectivos cónyuges. Una de las señoras afirmaba que su esposo le hacía el amor todos los días; otra que dos o tres veces por semana; otra que cada mes, y una dijo que su marido era como el informe del Banco Mundial: una vez al año. Una de las presentes no decía nada. Le preguntan: "¿Y tu marido, qué?" Responde ella: "Bueno, en 2004 me hizo el amor el doble de veces que en 2003". "¿De veras?" —preguntan con interés las otras—. "Sí —confirma la señora—. Porque en 2003 nada y en 2004 nada de nada".

A AQUELLA CHICA de cuerpo curvilíneo le decían "la Coca-Cola", pues sus formas recordaban las de la botella de ese popular refresco.

Dio un mal pasito la muchacha, y en adelante empezaron a decirle "La cuba libre". Coca-Cola con piquete.

DON ULTIMIANO ESTABA en su lecho de agonía. Con el último aliento que le quedaba —la verdad es que nunca tuvo muchos— le pregunta a su esposa: "Dime, Balagarda, ¿alguna vez me fuiste infiel? Respóndeme con la verdad, te lo suplico, al cabo que ya voy a morir". "¡Ah no! —se defiende la señora—. ¿Y luego si no te mueres?"

UNA MUJER ENTRÓ en un bar, se plantó en medio del abarrotado local y sin decir agua va se levantó las faldas y dio a ver a los asombrados parroquianos todo lo que debajo había. El cantinero acudió presurosamente a taparla con su delantal, y entonces la mujer se echó a llorar. "¡Perdóneme! —le dice—. ¡No sé por qué hago esto!" Y al decir tal cosa gemía con desesperación. "Cálmese" —le dice el tabernero, que era hombre compasivo como todos los de su oficio—. Y así diciendo la llevó a la barra. Ahí le dijo la mujer sin dejar de gemir quedamente: "No sé qué me sucede. Un impulso que no soy capaz de controlar me mueve a exhibirme así. Y lo peor es que luego me acometen unos remordimientos que me duran semanas". "Su problema es de orden psicológico —le dice el cantinero—. Conozco a un psiquiatra que la podrá ayudar. Se especializa en exhibicionismos; tiene escrito un ensayo sobre el programa *Big Brother*". Ella, entre lágrimas, le prometió que se sometería a tratamiento con el analista. Unos meses después la mujer volvió a entrar en la cantina abarrotada y de nuevo se levantó las faldas y mostró proa y popa a la clientela. Corre hacia ella el cantinero y le pregunta con enojo: "¿Qué no fue con el psiquiatra?" "Sí fui" —responde la exhibicionista—. "Pues veo —le dice ácidamente el tabernero— que de nada le ha servido el tratamiento". "Claro que me ha servido —replica la mujer—. ¡Ya no me dan remordimientos!"

SUSIFLOR LE DICE a Rosibel: "Mi novio tuvo un accidente, y en dos meses no iremos al cine". "¡Qué barbaridad! —se consterna Rosibel—. ¿El accidente le afectó la vista?" "No —precisa Susiflor—. Pero le vendaron las manos. ¿Qué caso tiene ir al cine?"

CIERTO INVESTIGADOR SOCIAL hizo una encuesta para saber a qué horas se acuestan las chicas modernas los fines de semana. Encontró que se acuestan a las dos de la mañana para poder estar en su casa antes de las cuatro.

UNA MUJER DECIDIÓ cambiar de sexo y convertirse en hombre. Tras una serie de operaciones, en efecto, perdió su calidad de hembra y se transformó en varón. Un periodista fue a entrevistarla. "¿Resultaron dolorosas las operaciones?" —le pregunta—. "Sí —responde la mujer convertida en hombre—. Me dolió un poco cuando me quitaron el busto, pero la operación más dolorosa fue cuando me quitaron la mitad del cerebro".

SEXO

MARY THORN, JOVEN criadita de buen ver, estaba hablando consigo misma en alta voz. Se preguntaba: "¿Qué soy? ¿Acaso un radio o un televisor? ¿Soy plancha, lavadora, secadora o refrigerador?" La patrona de la muchacha escuchó aquello y le preguntó muy intrigada: "¿Por qué estás diciendo tales cosas, Mary Thorn? ¿Por qué preguntas si eres radio o televisor, plancha, lavadora, secadora o refrigerador?" Responde la inocente: "Es que el señor me dijo que a la noche me va a enchufar".

EL SEÑOR LLEGÓ a su casa inesperadamente. Su esposa no estaba y la joven y apetecible criadita andaba haciendo su quehacer cubierta sólo por una batita mínima y translúcida. "¡Mary Thorn! —exclama el señor—. ¡Qué atrevimiento! ¡Cómo andas así en la sala! ¡Te me vas inmediatamente a mi recámara!"

CIERTO INDIVIDUO CON aspecto rústico acudió al consultorio de un célebre analista, y le preguntó a la encargada de la recepción: "Disculpe, señorita: ¿está el p-siquiatra?" Al decir esa palabra pronunció con mucho énfasis la pe, separándola en forma muy notable del resto del vocablo. Tratando de disimular una sonrisa le contestó la chica: "Señor, la pe no se pronuncia. Y el doctor no está". "Muy bien — responde el tipo—. Cuando regrese dígale or favor que vino erico eríquez, el aciente al que no se le ara el ito..."

UN CABALLERO DE más de 80 años fue acusado de violación. Ante el juez, su abogado hizo que el valetudinario señor se bajara el pantalón y lo demás, y luego le pidió a la acusadora que hiciera tocamientos, sobos, roces y manipulaciones en la parte corporal que en los términos de la acusación el señor había usado para cometer su ilícito. Se dirige el defensor al juez y le dice: "¿Lo ve, su señoría? La evidencia no se sostiene".

EN LA FIESTA el pescador contaba a los invitados su última experiencia. "El río estaba casi congelado. Cuando entré en el agua aquello que les platiqué se me puso de este tamaño". Y al decir eso señalaba con índice y pulgar una medida muy pequeña. "¡Cómo! —exclama asombrada su esposa—. ¿Te creció?"

SE REUNIERON CUATRO amigas a comentar cómo habían pasado el fin de semana. "Mi marido y yo —relata la primera— compramos unas botellas de champaña y estuvimos champañeando toda la noche". "Mi esposo y yo —cuenta la segunda—, compramos una botella de coñac y estuvimos coñaqueando toda la noche". La tercera, que no era rica como las otras, dice muy contenta: "Mi marido y yo compramos unos sobrecitos de Kool-aid. ¡Y vieran qué a gusto nos la pasamos!"

EL SEÑOR Y la señora hicieron un viaje a la India y vieron el consabido espectáculo del faquir que hace subir una cuerda con la música de su flauta. Pregunta la señora: "¿Y nada más funciona con cuerdas?"

LA MAMÁ DE Pepito le repasaba la lección de Geografía. "¿Cuál es la capital de Coahuila?" Pepito no responde. "Es Saltillo —le dice la mamá—. Y por no haberlo sabido no te daré sal hoy en la noche". "A ver —le dice enseguida—. ¿Cuál es la capital de Aguascalientes?" Tampoco puede contestar Pepito. "Es Aguascalientes —le dice la mamá—. Y por no haberlo sabido no te daré agua hoy en la noche".

En eso interviene el papá de Pepito. Le pide a su señora: "Pregúntame a mí algo". "Dime —lo interroga ella—. ¿Cuál es la capital de Sinaloa?" El señor se queda callado. Y le dice Pepito a su mamá: "¿Le das tú la mala noticia, mami, o se la doy yo?"

EL SEÑOR QUE vivía solo iba a contratar a una nueva criadita. Le indica: "Quiero que me limpies la casa, que me hagas de comer, en fin, que me laves la ropa y toda la cosa". Contesta la criadita: "Con lo de la casa y la comida no hay problema. Pero eso de que le lave la ropa y además toda la cosa, francamente no".

MÚSICOS

EN LA MESA del café un músico estudiaba la partitura de cierta complicada obra atonal. Tan concentrado estaba en el estudio que al sentir ganas de ir al pipisrúm llevó la partitura consigo y la siguió leyendo mientras hacía lo que había ido a hacer. El tipo que estaba al lado ve aquello y le pregunta muy intrigado: "Perdone la indiscreción, señor. ¿No sabe usted mear lírico?"

EN EL FESTIVAL de música el organista y la organista armonizaron mucho. Entregados estaban a su amoroso contrapunto cuando se oyeron pasos en el corredor. "¡Mi marido! —exclama la organista—. ¡Rápido! ¡Termina la tocata y emprende la fuga!"

TODOS LOS ESTUDIANTES del Conservatorio tenían puestos los ojos en Solfiria, muchacha de muníficos atributos corporales. Aprovechando que había un curso acerca de Stravinski le dice uno de los chicos: "Solfiria: te invito a la noche a mi departamento. Tengo *La consagración de la primavera*". "No puedo —responde la muchacha—. Ya me invitó Batuto y él tiene *El pájaro de fuego*".

A AQUEL TIPO le gustaba tanto la música que cuando la joven y curvilínea criadita cantaba en la regadera, lo que él ponía en la cerradura de la puerta era la oreja.

DOS CORISTAS HICIERON una cita con sendos músicos de la sinfónica. Al día siguiente intercambiaban sus respectivas impresiones. "El mío era violinista —dice una—. ¡Qué romanticismo! ¡Qué temperamento! ¡Qué expresión!" "En cambio el mío —se queja la otra— toca el corno". Le dice la amiga: "¿Y eso te molestó?" "Claro que sí —responde la muchacha—. Cuando los cornistas tocan ponen el puño cerrado en la salida del aire. ¡Y cuando éste me tocaba quería hacer lo mismo!"

CELIBERIA Y SU hermana Himenia eran maduras señoritas solteras. Un día Celiberia dijo a Himenia que había conocido a un caballero muy agradable. "¿De veras? —se interesa Himenia—. ¿Qué hace?" "Es músico de la sinfónica —le informa Celiberia—. Toca flauta y viola". "¡Ay, preséntamelo!" —se entusiasma Himenia—.

NÁUFRAGOS

Se hundió un barco, y se salvaron únicamente cinco hombres jóvenes y una muchacha. Fueron a dar a una isla desierta. A los seis meses los hombres mataron a la muchacha, pues se dieron cuenta de que lo que estaban haciendo no era lo debido. Seis meses después la enterraron, pues se dieron cuenta de que lo que estaban haciendo no era lo debido. Y seis meses después la volvieron a desenterrar, pues se dieron cuenta de que lo que estaban haciendo no era lo debido.

NIÑOS

LLEGA UN NIÑITO de cuatro años a la farmacia. "Señol —dice al farmacéutico—, quielo un condón". "¡¿Queeeé?!" —se espanta el hombre—. "Quielo un condón" —repite el pequeñito—. El tipo se sorprende. "¿Quién te mandó a comprar eso? —pregunta al chiquillo—. ¿Tu papá?" "No —responde el niño—. El condón lo quielo pala mí". Crece el asombro del señor. "Caray —dice al chamaco—. ¿Y sabes tú lo que es eso". "Sí sé —responde el niño—. Ándele, déme mi condón. Tlaigo linelo". "No, niño —le dice el farmacéutico—. No te puedo vender lo que me pides". El niño rompe a llorar. "¡Quielo un condón! —gime—. ¡Quielo un condón!" "No llores, niño —trata de calmarlo el farmacéutico, pues la gente empezaba ya a voltear—. Anda, ten un dulce". "¡No quielo lulce! —grita el niño. ¡Usté es un homble malo, malo, malo!" Todos miran al hombre con ojos de reprobación. "Está bien, niñito —dice el señor para acabar con el problema— te voy a vender eso que quieres". Va hacia un anaquel y le trae al niño el objeto que pedía. El pequeño se enjuga el llanto, abre el paquetito y saca el objeto aquel. Lo examina y estalla otra vez en llanto estrepitoso. "¡Ahhhh! —solloza desgarradoramente—. ¡No quielo un blobo! ¡Quielo un condón pala bailal mi tlompo!"

LE DICE LA maestra a Pepito: "Tengo en la mano una cosa redonda y anaranjada. ¿Qué es?" Responde Pepito: "Una naranja". "No —dice la profesora—. Es una pelota de tenis. Pero tu contestación muestra tu forma de pensar". Le pregunta a su vez Pepito a la maestra: "Tengo en mi mano una cosita blanca que termina en una cabecita roja. ¿Qué es?" "¡¡Pepito!!" —se escandaliza la maestra. "Es un cerillo —le dice Pepito—. Pero su respuesta muestra su forma de pensar".

"A VER, PEPITO —pregunta la señorita Peripalda, maestra de catecismo—. ¿A dónde van las niñas y los niños buenos?" "Van al cielo" —responde el pequeñín. "Muy bien —aprueba la señorita Peripalda—. Y las niñas y los niños malos ¿a dónde van?" Contesta Pepito: "Vamos a la parte de atrás de la iglesia".

DECLARA CON ORGULLO el joven *boy scout*: "Ayer hice mi buena obra del día. Evité una violación". "¡Maravilloso! —exclama el jefe de grupo—. ¿Cómo hiciste para evitar esa violación?" Responde el *boy scout* con una gran sonrisa: "La convencí".

LA NIÑA PIEL roja le preguntó a su mamá por qué le habían puesto el nombre que llevaba. Responde la señora: "Los pieles rojas les ponemos a nuestros hijos nombres relacionados con la causa de su nacimiento. ¿Entendiste, Píldora Olvidada?"

LA MAESTRA DEL kínder les dice a los pequeños: "Vamos a usar nuestros deditos para contar hasta diez". Al escuchar aquello Pepito se abre con prontitud la braguetita. "¿Por qué haces eso?" se sorprende la maestra. Responde Pepito muy orgulloso: "Yo sé contar hasta 11".

PEPITO LOGRÓ QUE Rosilita aceptara ir con él al fondo del jardín, donde nadie los podía ver. "Ya sé lo que quieres —le dice la niña con pícara sonrisa—. Quieres que juguemos a ser marido y mujer". "No —responde Pepito—. Si jugamos a eso entonces ya no vamos a hacer cositas".

EL SEÑOR LE compró a su pequeño hijo un juego de química. Días después salió al jardín y vio al niño que levantaba en alto lo que parecía un largo tubo. "¿Qué es eso?" —le pregunta. "Es la manguera —responde el muchachillo—. Con mi juego de química fabriqué un líquido que vuelve rígidas las cosas flexibles". "Mereces un premio —dice el papá orgulloso—. Tu invento puede tener mucha aplicación en la industria". Y así diciendo le da 50 pesos. Al día siguiente el señor le entrega al niño otros 500 pesos. "Esos te los manda tu mamá —le dice—. Halló otra aplicación para tu invento".

PEPITO TENÍA CINCO años de edad. Un día se puso a jugar con los complicados aparatos de comunicación que tenía su papá, buen radioaficionado, y ¡oh sorpresa! estableció contacto con Marte. Empezó a platicar con un marcianito de la misma edad que él. Ambos comenzaron a intercambiar información. "¿Cuántos ojos tienen ustedes?" —pregunta Pepito—. "Dos" —contesta el marcianito—. "Qué coincidencia —dice Pepito—. Nosotros también. ¿Y cuántas orejas?" "Dos" —vuelve a decir el marcianito—. "Qué coincidencia —repite Pepito—. Nosotros también. Y ¿qué pasa con ustedes los marcianos cuando se hacen viejitos?" "Bueno —le explica el marcianito—, lo primero que nos pasa es que se nos bajan las antenitas". "¡Qué coincidencia! —exclama Pepito—. ¡A nosotros también!"

"¿UN LORD COBARDE, profe?" "No, Pepito. Ésa no es la definición de 'círculo'".

PEPITO NO SALÍA de la sala en donde estaban su hermana y el novio de la chica. "Pepito, —le dice al fin el muchacho—. Si te vas te doy 100 pesos". "Mira —le responde el precoz infante—. Mis principios evitan que puedas sobornarme con dulces o dinero. La próxima vez, si de veras quieres que te deje solo con mi hermana, tráeme tú a la tuya".

LE DICE JUANILITO a Pepito: "Mi padre es rico, inteligente y guapo". Responde el tal Pepito: "Pues que no lo sepa el señor ese tan feo, pobre y tonto que vive con ustedes, porque se va a poner celoso".

PEPITO SE LEVANTÓ súbitamente de su asiento en el salón de clases y con premura se fue al rincón más apartado. "¿Por qué haces eso, niño?" —le pregunta la maestra—. Responde Pepito: "Es que Rosilita huele a azucena". "¿Y eso te hace alejarte? —se extraña la maestra—. Mira, Pepito, la azucena (*Lilium candidum*) es una planta cuya flor, bella y blanca, exhala una fragancia deleitosa. Eres afortunado por estar junto a una niña que huele a azucena". "¿A su cena de anoche?" —pregunta Pepito arriscando la nariz—.

JUANILITO LLEGÓ LLORANDO con el profesor: Pepito le había dado una patada. El maestro llama al tremendo niño y lo reprende. "Pepito —le dice—. ¿Por qué le diste una patada a Juanilito? ¿No sabes que el respeto al derecho ajeno es la paz?" "Yo se la di en el izquierdo profe" —se defiende Pepito.

EN UN CALLEJÓN Pepito se topa de manos a boca con el diablo. "¡Soy el demonio!" —dice Satán con voz amenazante—. "¿Y qué andas haciendo por aquí?" —pregunta sin inmutarse el tremendo chiquillo. Responde el Espíritu Maligno: "Vengo a tentar a los hombres". "Ah —dice entonces Pepito—. Conque eres gay, ¿eh?"

LLEGÓ A MÉXICO una familia de emigrados de Europa. La tal familia se apellidaba Kavrón. Y no pido perdón al escribir su apelativo, pues ése era. El hijo mayor fue inscrito en sexto año de Primaria. Al principio su nombre era motivo de risas y burletas: los otros niños hallaban ocasión de regocijo en mencionarlo: "¡Oye, Kavrón!" por aquí, "¡Quiubo, Kavrón!" por allá. A poco, sin embargo, el apellido del chamaco dejó de ser una novedad, y todos se acostumbraron a llamarlo con naturalidad. Cierto día llegó el inspector de Primarias a poner un examen oral. Ansiosamente el niño Kavrón levantaba la mano para contestar todas las preguntas, pues era alumno aventajado. Tras de que respondió algunas, la maestra, a fin de que los otros niños tuviera oportunidad de participación, empezó a decirle: "Espérate, Kavrón"; "Tú ya contestaste, Kavrón"; "Baja la mano, Kavrón". El inspector se extrañaba, mas no decía nada. Volvía a preguntar, y el niño Kavrón volvía a levantar la mano. Y otra vez la maestra: "Estáte quieto, Kavrón"; "Tú no contestes, Kavrón"; "Cruza los brazos, Kavrón". Por fin el inspector se enoja. Con tono airado le dice a la maestra: "¡Bueno, déjalo que hable, jija de la tiznada!"

A AQUELLA NIÑA le decían "La cicatriz". Le quedó a su mamá de una caída.

EL NIÑO HACÍA una tarea acerca de la Constitución. "¿Es cierto, papi —pregunta a su papá— que todos los hombres nacen libres?" "Sí hijito —responde el señor con sorda voz—. Todos los hombres nacen libres. Claro, luego se casan y..."

EL MAESTRO DE sexto año pide que levanten la mano todos los niños que fuman. Todos la levantan, menos Pepito. "Te felicito —dice el profesor—, por no haber contraído ese feo, sucio y pernicioso hábito que tantos daños causa a la salud propia y tantas molestias a los demás. Y dime: ¿por qué no fumas, Pepito?" "Es que a mi amante le molesta el humo" —responde el precoz niño—.

EN UN SOLITARIO rincón de la plazuela Pepito mostraba gran cariño y ardiente admiración a Rosilita: la abrazaba con entusiasmo grande; la besaba con admirable asiduidad. Dos señoras pasaron por ahí y contemplaron aquel espectáculo primaveral. "¡Caramba! —exclama una de ellas viendo aquel precoz amor—. ¡Ya no quedan niños en el mundo!", Responde Pepito: "Ya los haremos, señora, ya los haremos".

PEPITO IBA A cumplir cinco años. Su papá, contratista de la construcción, le preguntó qué quería como regalo de cumpleaños. Respondió el chiquillo: "Quiero un hermanito". "Hijo —sonríe el señor—, falta sólo una semana para tu fiesta. En ese tiempo no puedo tenerte listo el hermanito". Sugiere el niño: "¿Por qué no haces como en el trabajo? Contrata más hombres para que te ayuden a terminar a tiempo la obra".

PEPITO CUMPLIÓ DIEZ años de edad, y su papá pensó que había llegado ya el momento de revelarle los misterios del sexo. Así pues lo llamó aparte y le habló solemnemente: "Quiero decirte algo acerca de aquello que te conté una vez, lo de las abejitas y los pajaritos". "¡No! —rompió a llorar el niño—. ¡Por favor no me lo digas!" "¿Por qué?" —se sorprendió el señor—. Explica entre lágrimas Pepito: "Cuando cumplí cinco años me confesaste que no había ratón de los dientes. Cuando cumplí seis me revelaste que no era cierto lo de la coneja de Pascua. Al llegar a los siete supe por ti que Santa Clos era mentira. Si ahora me dices que no existe el sexo, me vas a quitar la única razón que tengo para seguir viviendo".

LA MAESTRA LE pide a Pepito: "Escribe en el pizarrón la cualidad más grande que tengas". Pepito escribe: "La cualidad más grande que tengo es mi…" Y puso el nombre de cierta parte pudenda de su anatomía. La profesora se indignó. "¡Pepito! —exclama—. ¡Al terminar las clases te quedarás a hablar conmigo!" Pepito vuelve a su lugar. Al pasar les guiña el ojo a sus compañeritos y les dice en voz baja: "¿Lo ven? ¡Da resultado la publicidad!"

69

"DIME, PEPITO —PREGUNTA la maestra—, ¿qué quiere decir la palabra meticuloso?" Pepito piensa unos momentos, y luego arriesga la respuesta: "¿Es un supositorio?"

LA MAMÁ DE Pepito iba a tener un bebé. Pepito le preguntó cómo había entrado el bebé a su pancita. La señora juzgó que había llegado el tiempo de enseñarle a su hijo las cosas de la vida, y le explicó detalladamente el proceso que ella y su esposo habían seguido para encargar al bebé. Pregunta Pepito: "¿Y cómo nacen los perritos, los gatitos, los conejitos, los chivitos y los elefantitos?" Responde la señora: "Exactamente en la misma forma". "¡Caramba! —exclama Pepito con asombro—. ¡Ya veo que mi papá no hace distinciones!"

PEPITO LE PREGUNTA a su mamá: "¿Cómo nací yo?" Responde con una sonrisa la señora: "Te trajo la cigüeña". Vuelve a inquirir el chiquillo: "Y mi hermana mayor, ¿cómo nació?" "También a ella la trajo la cigüeña" —contesta la mamá—. "Y mi hermanito —pregunta otra vez el niño—, ¿cómo nació?" Vuelve a decir la madre: "La cigüeña la trajo también". Dice entonces Pepito con exasperación. "¿Pues qué mi papá no funciona?"

TRES NIÑITAS DE seis años, una inglesa, una italiana y una francesa, estaban jugando en el parque. Vieron a una pareja que hacía el amor entre los arbustos. Dice la niñita inglesa: "Se están peleando". "No —la corrige la niña italiana—. Están haciendo el amor". "Y muy mal" —concluye la francesita—.

LLEGÓ EL ENCARGADO del censo a una granja, y no encontró sino a un pequeño niño. "¿Cuántas personas viven aquí? —le pregunta al chiquillo el funcionario—. Responde el muchachito: "Cuatro: mi papá, mi mamá, mi hermana y yo". "¿Dónde está tu papá?" —pregunta el empleado—. Contesta el niño: "Debe haber ido a pescar. No veo sus botas de agua, y no anda regando". "Y tu mamá, ¿dónde está?" —quiere saber el del censo—. "Seguramente fue al pueblo —le informa el pequeñín—. No está su camioneta, y no les anda llevando forraje a las vacas". Pregunta el visitante: "Y, ¿dónde está tu hermana?" Responde el chiquillo: "Ha de estar en el granero, con su novio. Solamente hay dos cosas que le gusta hacer, y la tele está apagada".

PEPITO RECIBIÓ LA respuesta de Santa Claus a su cartita de Navidad. Le escribió Pepito: "Quiero que me mandes un hermanito". "Cómo no —respondió Santa en otra carta—. Mándame a tu mamá".

EL ESCOLAR LE dice a su papá: "Papi: de todos los niños de tercer año de primaria yo soy el que tengo la pipicita más grande. ¿Eso se debe a que me voy a pie a la escuela en vez de irme en autobús?" "No —responde el padre—. Eso se debe a que tienes diecisiete años".

LE DICE PEPITO a su mamá lleno de orgullo: "Ya sé a dónde se va la cigüeña después de traerte a los bebitos". "¿A dónde se va?" —pregunta con dulce y tierna sonrisa la señora—. Responde Pepito: "Se mete en el pantalón de mi papá".

TROGLODITO, NIÑO DE la edad de piedra, le mostró la calificación a su papá. "Oye —le dice muy enojado el cavernícola después de revisar las notas—. Entiendo que repruebes Caza y Pesca: son materias difíciles las dos. Que saques cero en Agricultura, lo comprendo también: la clase es aburrida para nosotros, que somos todavía nómadas. Me explico igualmente que no hayas pasado Arte Rupestre: de poco sirve el arte; esas pinturas en las cuevas durarán poco tiempo. ¡Pero que repruebes Historia! ¡No la friegues! ¡Apenas llevamos media página!"

PEPITO LES DIJO a sus papás: "Quiero tener una hermanita". "¿De veras?" —se inquietó la madre. "Sí —responde el chiquillo—. La de Juanilito".

MUY ENOJADO LE dice a Pepito su papá: "¡Nunca me has dado una satisfacción!" "¡Cómo no! —replica el precoz niño—. ¿Y luego la que tuviste nueve meses antes de que yo naciera?"

A VER —PIDE la maestra a los niñitos—. Díganme palabras terminadas en -ollo". "Pollo" —dice Juanito. "Rollo" —sugiere Rosilita. "Bollo" —propone Manolín. Y dice Pepito: "¡Espalda!"

UN NIÑO DE 10 años iba con su papá, y al pasar por una farmacia vio algo que le llamó mucho la atención. "¿Qué es eso?" —le preguntó al señor—. "Ya estás en edad de saberlo —respondió él—. Son condones". Y procedió a darle una explicación detallada sobre su uso. Preguntó el chiquillo: "¿Para quiénes son los que vienen en un paquete con dos?" "Son para solteros —respondió el señor—. Uno para el viernes y otro para el sábado". Quiso saber el niño: "¿Y los que vienen en paquetes de tres?" Contestó el señor: "Son para casados. Uno para el lunes, otro para el miércoles y otro para el viernes". Inquiere el chamaquito: "¿Y esos que vienen en paquetes de 12?" Suspiró el maduro señor: "Son para hombres como yo. Uno para enero, otro para febrero, otro para marzo..."

PEPITO IBA CON su papá, y en la calle vieron a una pareja canina muy ocupada. "¿Qué están haciendo?" —preguntó el pequeño—. "Un perrito" —contestó el señor—. Días después Pepito entró sin avisar en la recámara de sus papás, y los vio también muy ocupados. "¿Qué están haciendo?" —preguntó otra vez—. "Un bebé" —atinó su padre a responder—. Y le pide el chiquillo: "Dile a mi mami que se voltee. Prefiero un perrito".

LA ESPOSA DE Birjanio asistió a la cena de su generación en el colegio de las madres Trifaldinas, y le encargó al marido que en su ausencia cuidara al hijo de ambos. Para desdicha de Birjanio la celebración cayó en jueves, día que él dedicaba a la partida semanal de póquer con sus amigos. (Jamás ganaba, pero ya se sabe que al jugador que pierde y sigue jugando nunca le faltan amigos. *N. del A.*) A fin de no suspender la reunión Birjanio invitó a los de la partida a ir a su casa. Sucedió que su hijo, muchacho adolescente, no los dejaba jugar en paz. Por encima del hombro de cada uno miraba las cartas que tenía, y hacía inoportunos comentarios sobre lo que el jugador debía hacer. (Lo mismo en el juego que al cambiar una llanta, nunca hay mirón indejo). Birjanio reprendía a su hijo; con duras palabras le pedía que se fuera a su cuarto. El mozalbete, sin embargo, no hacía caso, y seguía jeringando. Uno de los asistentes se levantó de la mesa y salió con el muchachillo. Regresó poco después, y la partida continuó ya sin interrupciones hasta su final. El adolescente no volvió a aparecer. Birjanio le preguntó a su amigo: "¿Cómo hiciste para que mi hijo nos dejara ya jugar en paz?" Responde el otro: "Lo enseñé a jugar consigo mismo".

EL PEQUEÑO AMIGO de Pepito le contó: "Mi tía Ligeria acaba de tener un bebé". Pepito le pregunta: "¿Qué tu tío no está fuera del país desde hace mucho tiempo?" "Sí —confirma el niño—. Desde hace más de dos años". Pepito se asombra: "¿Y cómo entonces tu tía tuvo un bebé?" Explica el niñito: "Es que mi tío le hablaba por teléfono todos los días". "¡Caramba! —exclama Pepito con admiración—. ¡Es la primera vez que sé de alguien que tiene pija de larga distancia!"

EN CLASE SE hablaba del amor. Dice Pepito: "La primera vez que mi mamá vio a mi papá se enamoró perdidamente de él". "¡Ay, qué hermoso! —se emociona la maestra—. Y seguramente sigue enamorada". "No sabría decirlo —responde Pepito—. Nada más esa vez lo vio".

LA PEQUEÑA ROSILITA le dijo a Pepito: "¿Quieres ser mi novio?" Pepito no respondió, pero entró en su casa y salió luego llevando un brasier de generosas proporciones. Le dice a la asombrada Rosilita: "Si quieres ser mi novia, primero tienes que llenar esta solicitud".

PEPITO TOMABA CLASES de francés. El director de la escuela va con la maestra por un corredor cuando la guapa profesora resbala y cae al suelo. Acude solícito el director a levantarla, y para atenuar su turbación le dice galantemente que esas cosas suelen suceder, que así es la vida. Se lo dice en francés: *"C'est la vie"*. Pepito, que estaba cerca, exclama muy contento: "¡Yo también, profe!"

POR PRIMERA VEZ la niñita fue a dar un pésame. Había fallecido el esposo de la vecina, y la mamá de la pequeña la llevó a que la saludara. Cuando vuelven a casa pregunta el papá a la señora: "¿Cómo está la vecina?" "Inconsolable" —responde ella—. "Ni tanto —la corrige la niñita—. Dice que encontrará su consuelo en el Señor que está arriba. Ya sabía yo que algo tenía que ver con el tipo ese que vive en el departamento del último piso".

LE PREGUNTA EL niño a su papá: "Papi, ¿Santa Claus es alto y flaco?" "No, hijito —responde el señor—. Es de regular estatura, y más bien gordo". Vuelve a inquirir el pequeño: "Papi, ¿y Santa Claus va enredado en una sábana?" "No, hijito —vuelve a contestar el papá—. Lleva un traje color rojo adornado con armiño blanco". Tras escuchar aquello el pequeñín se vuelve hacia su madre y le dice: "¿Lo ves, mami? El señor que está en tu clóset, y que tú dices que es Santa Claus, no es".

REVISA PEPITO LOS regalos que estaban bajo el pino y declara luego, disgustado: "Ahora ya sé qué hace Santa Claus el resto del año". "¿Qué hace?" —pregunta con inquietud su padre.— Responde el precoz niño muy seguro: "Es político". "¿Por qué supones eso?" —pregunta el papá al mismo tiempo divertido y extrañado—. Responde, hosco, Pepito: "Porque promete más de lo que cumple".

UNA NIÑITA LE preguntó a su mamá: "Mami: ¿es cierto que a los niños los trae la cigüeña?" "Si, hijita —contesta la señora con una dulce sonrisa—. A los niños los trae la cigüeña". "¿Y es cierto que Diosito nos manda el pan de cada día?" "Sí, hijita. Diosito pone en nuestra mesa el pan de cada día". "¿Y es cierto que Santa Claus nos trae los regalos en la Navidad?" "Sí, hijita. Santa Claus nos trae los regalos en la Navidad". "Entonces —pregunta con enojo la pequeña—, ¿para qué diablos sirve mi papá?"

Y A TI, hijito —pregunta con una sonrisa el señor a su pequeño—, ¿qué te gustaría ser?" "Cartero" —contesta el niño sin dudar—. "¿Cartero? —se sorprende el señor—. ¿Para qué?" Y dice muy enérgico el niñito: "Para ver si de ese modo mamá me deja que me acueste en su cama cuando tú no estás".

LA MAESTRA LES iba a poner adivinanzas a los niños. "Tú no contestes, Pepito —le advierte al precoz chiquillo—. Siempre te adelantas y no dejas que los demás niños participen". Luego propone la primera adivinanza: "Agua pasa por mi casa, cate de mi corazón". "¡El aguacate!" —responde Pepito—. "Te dije que no contestaras —se enoja la maestra—. A ver, esta otra: 'Lana sube, lana baja'".

"¡La navaja!" —prorrumpe Pepito—. La maestra se enoja y le dice con irritación: "¡Se me sale y no regresa!" "¡El -edo!" —grita triunfalmente Pepito—.

EL NIÑITO LE pregunta a su mamá: "Oye, mami: la vecina de al lado, ¿es medicina?" "¿Medicina? —repite la señora sin entender—. No te entiendo. ¿Por qué dices que es medicina?" Explica el pequeñín: "Es que cada vez que mi papá la ve dice: "¡Carajo, cómo me gustaría recetármela!"

EL NIÑITO ENTRÓ en la recámara de sus papás cuando ellos menos lo esperaban. "¿Qué están haciendo?" —les pregunta algo desconcertado—. "Jugábamos a la lucha libre" —responde la señora con lo primero que se le ocurrió. "¿A dos de tres caídas?" —quiere saber el pequeñín—. "A una solamente —contesta ella—. Tu papi ya no aguanta más".

ROSILITA ES EL equivalente femenino de Pepito. Un día el niño más bueno de la cuadra, Querubito, llevó a Rosilita a su casa y le enseñó un canario que su mamá tenía en una jaula. Rosilita suspira con paciencia, alzando los ojos al cielo y dice a Querubito: "Te agradezco mucho la invitación, pero esto no es lo que yo tenía en mente cuando me dijiste que me ibas a enseñar el pajarito".

NO DEJABA DE chillar el niño en la función de cine. El señor que estaba al lado de la madre le sugiere: "¿Por qué no le da una vueltecita?" "¿A la dulcería?" —pregunta la señora—. "No —precisa el señor—. Al pescuecito".

PEPITO ESTABA JUGANDO con su amigo Juanilito en el parque de la colonia. En eso pasa una espléndida morena. Tenía cabellera bruna (es decir negra), ojos zarcos (es decir de color azul claro), busto catedralicio y grupa como popa de navío de guerra (es decir, estaba buenisísima). Al paso de la chica Pepito suspende el juego, la mira detenidamente y luego le comenta a Juanilito: "No sé por qué, pero estoy empezando a sospechar que en la vida hay mucho más que canicas, pelotas, ranas y futbol".

LA MAMÁ DE Pepito lo encontró haciéndole sospechosos manipuleos a su primita. Explica el niño: "Es que estamos jugando a que yo era doctor". Poco después la señora sorprendió a Pepito vaciando la cartera de su papá. Le dice el niño: "Es que ahora estamos jugando a que yo era abogado".

LA SEÑORITA PERIPALDA, catequista, le pregunta al niñito cubano: "¿Sabes cuáles son los pecados mortales?" "Sí, nena —responde el cubanito—, pecados mortales son el tiburón, la piraña..."

LA MAMÁ DE Pepito lo llevó al zoológico (bien hubiese querido dejarlo ahí, pero hay leyes que castigan el abandono de menores. *N. del A.*). "Mira, mami —dice el chiquillo señalando a un mandril hembra—. Se parece a la tía Darvina". "¡Niño! —se enoja la mamá—. ¡No digas eso!" "¿Por qué no? —razona Pepito—. La changa no entiende".

PEPITO LE CONTÓ a su tía que una muchacha vecina suya se iba a casar con Matalote Pitochón. Exclama la tía, escandalizada: "¿Con ese hombre tan feo y tosco que lo único que tiene es un tamaño desmesurado y un aspecto como de bestia lujuriosa? ¡No me lo explico! ¿Pues dónde tiene el gusto esa muchacha?" "Tía —responde Pepito—, supongo que donde lo tienen todas".

PEPITO INVITÓ A Rosilita, la hija de la vecina, a jugar en su alberquita. "Nos descalzaremos —le propone— y jugaremos en la agüita". "¿Y si me mojo mi ropita?" —se inquieta la pequeña. " Eso no sucederá —la tranquiliza Pepito—. Nos descalzaremos hasta mero arriba".

CIERTO DÍA PEPITO le preguntó a su mami cómo nacían los niños. La señora, algo turbada por aquella súbita interrogación, trató de explicarle el milagro de la vida recurriendo al tradicional ejemplo de los pajaritos y las florecitas. Una semana después la familia de Pepito fue a una boda. El novio era flacucho y esmirriado, enclenque, raquítico y escuchimizado. La desposada, por el contrario, era corpulenta, rebolluda, crasa y dueña de abultado nalgatorio. Pepito se inclina hacia su madre y le dice al oído: "Me parece muy poco pajarito para tamaña floresota".

EL NIÑITO DECÍA siempre a su mamá: "Mami, quiero hacer popó". A ella eso le apenaba, porque a veces el niño lo decía delante de las visitas. Así, le hace una recomendación: "No digas nunca que quieres hacer popó, hijito. Di que quieres musitar". Lamentablemente, la señora no se cuidó de informar de esa elegante clave a su marido. Cierta mañana muy temprano dormía el señor después de una larga noche turbulenta. Llega el nene y le dice moviéndolo por el hombro: "Papi, quiero musitar". "Está bien, hijito —mascula él entre sueños—, hazlo aquí en mi oreja".

EN EL SALÓN de Pepito pregunta a los niños el maestro: "A ver: ¿cuáles son los pajaritos que vuelan más alto?" Pepito de inmediato levanta la mano, y agitándola golpea índice con cordial para llamar la atención del profesor. El maestro, que muchas veces ha tenido que escuchar las sandeces que dice el precoz niño, decide ignorarlo y da la palabra a otro niño: "¡Las golondrinas!" —dice éste—. Pepito sigue pidiendo contestar. "¡Las chuparrosas!" —responde una niñita—. "¡Los halcones!" —dice otro—. Por fin el maestro no puede evitar ya darle la palabra a Pepito. Con un suspiro de resignación dice: "A ver, Pepito. ¿Cuáles son los pajaritos que vuelan más alto?" "¡Los de los astronautas, profe!" —responde Pepito—.

DE REGRESO DE su primer día de clases en el kínder dice Pepito a sus papás: "Conocí a una niña que se llama Rosilita, y he decidido casarme con ella". "¡Ah, caray! —exclama con una sonrisa la mamá—. ¿Y a dónde la vas a llevar a vivir?" "A mi cuarto, conmigo —responde Pepito—. No creo que mi hermano se oponga". "¿Y la comida?" —pregunta la señora—. "Siempre dejo algo en el plato —contesta Pepito—. Alcanzará muy bien para ella". Entonces interviene el papá: "Se ve que has pensado las cosas, Pepito —le dice—. Pero, ¿y cuando lleguen los hijos?" "No llegarán —replica el niño con mucha seguridad—. Ya sé cómo se evitan". "¿Cómo?" —preguntan al mismo tiempo los papás mirándose con preocupación—. "Es muy fácil —explica Pepito—. Si Rosilita llega a poner un huevito, se lo aplasto".

EL INSPECTOR ESCOLAR llega a la clase de Pepito. Sin saber con quién trataba se dirige al tremendo niño, y hablándole de usted le ordena con tono pedantesco: "Póngase de pie". Pepito se levanta. "Pase al pizarrón". Pepito pasa. "Tome un gis". Pepito toma un gis. "Anote". Pepito dibuja un círculo grandote.

SE CASÓ LA hermana mayor de Rosilita, equivalente femenino de Pepito. Desde temprano la chiquilla empezó a importunar a su mamá: "Mami —le preguntaba una y otra vez—. ¿Qué le va a hacer su marido a mi hermana hoy en la noche?" Tanto repitió la pregunta que la señora ya no se pudo contener. "¡Esto es lo que le va a hacer!" —le dice con enojo. Y así diciendo le propina un par de nalgadas. Cuando termina la ceremonia religiosa Rosilita se acerca a su hermana y le dice al oído: "Si sabes lo que te conviene, hoy en la noche cuídate las pompis".

EL PADRE ARSILIO les pone una prueba a los niños del catecismo. "¿Cómo reconocerían ustedes a Adán entre todos los hombres de la antigüedad?" Esperaba que le respondieran que aquel que no tenía ombligo era Adán. Pero Pepito levanta la mano: "Yo les diría a todos: 'Vayan a tiznar a su madre'. El que no fuera, ése sería Adán".

EL MAESTRO HACE que Juanilito pase al pizarrón. Le dice: "Vamos a hablar de las aves, que son animales ovíparos, o sea de los que se reproducen por medio de huevos. A ver, buen niño: dibuja un huevo". Juanilito toma un gis con una mano y la otra se la mete al bolsillo. Desde su asiento de atrás grita Pepito: "¡Está copiando, profe!"

LOS AMORES DE los gatos son ruidosos. Un concierto gatuno así llevó a Pepito a preguntarle a su mamá: "Mami: ¿por qué hacen así esos gatos?" La señora, confusa, sólo acertó a responder con lo primero que se le ocurrió. "Es que les duelen las muelas". Esa misma noche regresó el papá de Pepito de un viaje que había durado más de un mes. A la mañana siguiente, en el desayuno, le pregunta Pepito a su mamá: "¿No vas a ir con el dentista?"

EL NIÑO ENTRÓ llorando en la cocina. "¿Por qué lloras? —le pregunta su mamá—. Dice el pequeño: "Mi papi estaba clavando un clavo y se pegó en el dedo gordo con el martillo". "No debes llorar por eso —lo tranquiliza la señora—. Es un ligero accidente. Antes bien debiste haberte reído". "Eso fue lo que hice" —gime el chiquillo sobándose la parte posterior.

EN LA TIENDA de departamentos la niñita se sube a las rodillas del Santa Claus. "¿A que no sabes qué tengo?" Le pregunta el hombre con una dulce sonrisa: "¿Zapatos nuevos?" "No". "¿Una linda muñeca?" "No". "¿Un perrito?" "No". "Me doy por vencido. ¿Qué tienes?" Responde con una gran sonrisa la niñita: "Varicela".

EL NIÑO RICO se le sienta en el regazo a Santa Claus y le pregunta: "OK, panzón. ¿Qué quieres?"

ROSILITA —EQUIVALENTE EN niña de Pepito— le pide al Santa Claus de la tienda: "Quiero una muñeca, un telefonito, una pelota, un triciclo, un vestido, una caja de chocolates y un trineo". "¿Te has portado bien?" —pregunta Santa Claus—. Contesta Rosilita: "Mira, tráeme nada más la muñeca, pero no hagas preguntas".

EN LA MAÑANA de Navidad la niñita dijo una tremenda maldición. "¡¿Dónde aprendiste esa palabra?!" —exclama horrorizada su mamá. Responde la pequeña: "La oí anoche. La dijo Santa Claus cuando estaba armando la bicicleta de mi hermano y se agarró un dedo con las pinzas".

CON MOTIVO DE la Navidad el papá de Pepito le regaló un estuche de magia. Le dijo: "Si me desapareces la moneda te doy 10 pesos". "¡Újule! —exclama Pepito con desdén—. ¡Mi hermana y su novio me dan 100 pesos, y lo único que tengo que hacer es desaparecerme yo!"

"A VER, PEPITO —pregunta la profesora al tremendo niño—. ¿Cuáles son los animales cuadrúpedos?" "¿Los que se echan cuatro?" —arriesga con timidez Pepito—.

81

LA PEQUEÑA ROSILITA estaba jugando con Pepito. Busca a su mamá y le pregunta: "Mami: ¿yo puedo tener hijos?" "¡Por supuesto que no! —le responde muy divertida la señora—. ¡Eres una niña!" "¡Pepito! —grita entonces Rosilita echando a correr a donde estaba su amiguito—. ¡Sí podemos jugar a eso que dices!"

LA HERMANA DE Pepito estaba con su novio, pero el chiquillo no se apartaba de ellos. El ansioso galán le dice lleno de impaciencia: "Pepito: te doy 50 pesos si te vas y nos dejas solos". Responde el precoz niño: "Y yo te doy 100 si me dejas quedarme a ver lo que hacen".

LA NIÑITA LE pregunta a su papá: "Papi, ¿qué significa la palabra 'colega'?" "Un colega —explica el señor— es alguien que hace lo mismo que tú". "Entonces —inquiere la pequeña— el vecino de al lado ¿es tu colega?" "No, —responde el padre—. Tenemos distintas profesiones. ¿Por qué piensas que somos colegas?" Responde la niñita: "Porque cada vez que sales de viaje él hace con mi mami lo mismo que haces tú".

PEPITO IBA SENTADO en un carrito tirado por su perro. El desdichado can tiraba del carrito por una cuerda atada a sus dos atributos de animal macho. El carrito tenía un letrero: "Patrulla de policía". Un transeúnte vio aquello, y lleno de compasión por el perro le dijo a Pepito: "Tu patrulla iría más aprisa si el perro tirara de ella por una cuerda atada a su cuello, y no a esa parte". "Ya lo sé —responde el niño—. Pero entonces no sonaría la sirena".

EL NIÑITO LE pregunta a su mamá: "Mami: ¿es cierto que tengo la boca muy grande?" "No es cierto, hijito —responde con ternura la señora—. Mi bebé tiene una boquita muy chiquita y muy linda.

Ande, traiga mi niño su pala para darle su sopita. Pero, ¿por qué piensa mi hijito que tiene la boca muy grande?" Responde el niño: "Porque el día de mi primera comunión el padre me dijo cuando me iba a dar la hostia: 'Mira, niño: tú mejor espérate a los buñuelos".

UN NIÑO LE dice a Pepito: "Mi tía acaba de tener un bebé". "Oye, —replica Pepito—. Entiendo que tu tío ha estado ausente de su casa desde hace más de un año. ¿Cómo entonces tu tía tuvo un bebé?" "Bueno —contesta el niñito—. Es que mi tío le escribe todos los días". "Caray —comenta Pepito—. Pues ha de tener la pluma bien larga".

UN POBRE MUCHACHITO lloraba desconsoladamente en la banqueta frente a dos hombres que peleaban a puñetazos. "¿Por qué lloras, niñito?" —le pregunta un compasivo señor—. "Porque mi papá se está peleando" —responde el niño. "¿Cuál de los dos es tu papá?" —pregunta el señor—. Contesta el pequeñuelo: "No se sabe. Por eso están peleando".

PEPITO LE PREGUNTA al profesor: "Maestro, ¿qué quiere decir pro?" Responde el docente: "La palabra latina pro quiere decir por. Te daré un ejemplo: *Pro patria pugnavit*. Eso significa: Peleó por la patria". "Caray —se conduele Pepito—. Si pro significa por, entonces pobre de mi primo". "¿Por qué?" —se extraña el maestro. Explica el niño: "Es que se llama Próculo".

UNA MUCHACHA FUE a París, y regresó encantada. Contó en familia: "Los franceses son muy caballerosos, siempre te besan la mano". Y comenta Pepito: "La intención podrá ser buena, pero la puntería es pésima".

LA MAESTRA LES explicó a los niños lo que son los antónimos, palabras que expresan ideas opuestas o contrarias: bueno y malo; feo y bonito; poco y mucho… Luego pidió a los pequeños que dieran ejemplos de antónimos. Pepito, como siempre, fue el primero en levantar la mano. "Paracaídas y condón" —propuso—. La maestra se azaró. Le pregunta al tremebundo crío: "¿Por qué piensas que esos dos términos son antónimos?" Explica Pepito: "Si falla un paracaídas muere un hombre. Si falla un condón nace otro".

PEPITO LE PREGUNTA a su mamá: "Mami: una niñita de cinco años, ¿se puede embarazar?" "No, hijito —responde la señora—. Tal cosa es imposible". "¡Carajo! —mascula Pepito con enojo—. ¡Y Rosilita me hizo vender mi bicicleta para los gastos del embarazo y parto!"

ERA EL PRIMER día de clases en el jardín de niños. La maestra le pregunta a Pepito: "¿Cómo te llamas?" "Pepito" —responde el pequeñín. "¿Y cómo se llama tu padre?" —quiere saber la profesora. "Papá" —contesta el niño. "No —sonríe la maestra—. Lo que te pregunto es el nombre de tu padre". "No lo sé" —responde el chiquillo. "A ver —le ayuda la profesora—. ¿Cómo le dice tu mamá a tu papá?" Contesta Pepito: "Le dice 'irresponsable', 'borracho', 'inútil' y 'güevón'".

EN LA CLASE de Español la maestra le dice a Pepito: "En esta oración: 'Ella está gozando', ¿cuál es el sujeto?" Responde sin vacilar Pepito: "¡El que está arriba de ella!"

EL SEÑOR QUE vivía al lado de la casa de Pepito vio al chiquillo tapando un pozo en el jardín. "¿Qué haces, Pepito?" —le pregunta. Responde el chiquillo, hosco: "Estoy tapando el pozo donde enterré a mi pececito dorado, que se murió". Le dice el señor con una sonrisa: "¿Y por qué un pozo tan grande para un pececito tan pequeño?" Contesta Pepito, más hosco todavía: "Porque el pececito está adentro del desgraciado gato que tenía usted".

CAPERUCITA ROJA SE levanta del suelo, se arregla el vestidito, se lo sacude, se compone el cabello desordenado y luego le dice al Lobo: "¡Qué susto me diste, bárbaro! ¡De plano oí que me dijiste: 'Te voy a comer!'"

LA DIRECTORA DE la escuela donde estudiaba Pepito —eso de "estudiaba" es un decir— hizo proyectar una película documental en la que se mostraba el nacimiento de un bebé. Quería que los niños supieran sin reserva alguna todo lo relacionado con el principio de la vida humana. Los párvulos vieron con claridad la escena capital, el momento maravilloso en que el pequeño asomaba la cabecita al mundo, y luego observaron cómo, ya nacido, el niño era suspendido en alto por el médico, que le dio una fuerte nalgada, con lo que el recién nacido rompió a llorar estrepitosamente. Juanilito, sentado al lado de Pepito, exclama con indignación: "¿Te fijaste cómo le pegó al pobre niño ese salvaje?" "Y con razón —replica Pepito—. ¿No viste dónde se metió el bárbaro?"

LA PROFESORA NOTÓ que esa mañana Pepito se veía sin ánimos, laso, desganado. El niño le explicó: "Es que me vine a la escuela sin desayunar". "Con razón —responde la maestra—. En el recreo veré que comas algo. Pero volvamos a nuestra clase de Geografía. A ver, Pepito: dime tú mismo: ¿dónde está el Golfo de México?" Contesta el muchachillo: "No sé dónde esté ahora, pero cuando salí de la casa estaba arriba de mi mamá. Por eso ella no me dio de desayunar".

ROSILITA —EQUIVALENTE FEMENINO de Pepito— le pregunta a su mamá: "Mami: una niñita de cinco años, como yo, ¿se puede embarazar?" "No, hijita —responde la señora—. Tal cosa no es posible". Entonces Rosilita regresa corriendo a donde sus amiguitos la esperaban y les dice alegremente: "¡El mismo juego, chavos!"

NORTEÑOS

AQUEL RUDO NORTEÑO llamádose Antolión. Así se dice por acá: "llamádose". Una vez Antolión sintió ganas de conocer el mundo. Juntó unos centavitos y fue a una agencia de viajes, donde le organizaron un recorrido muy interesante que él hizo a su entera satisfacción. Cuando volvió a su pueblo recibió la visita del maestro de escuela, que deseaba conocer sus experiencias. "Llegué primero a Inglaterra" —empieza a contarle Antolión—. "¿Y qué te parecieron las británicas?" —le pregunta el maestro—. "¿Las qué?" —se azora Antolión. "Las inglesas" —le explica el profesor—. "Muy elegantes, pero un poco reservadas" —contesta Antolión—. "Luego fui a Francia". "¿Y qué te parecieron las galas?" "¿Las qué?" "Las francesas". "Muy atractivas, aunque algo orgullosas. Luego fui a Portugal". "¿Y qué te parecieron las lusitanas?" "¿Las qué?" "Las lusitanas, las portuguesas". "Ah. Muy hermosas, pero bastante altivas. De ahí me pasé a Marruecos". "¿Y qué te parecieron las mezquitas?" "¡Ah, no! —exclama Antolión lleno de entusiasmo—. ¡Guapísimas, y ésas sí jalan!"

DON CRUZ TREVIÑO de la Garza y Garza, norteño a carta cabal, hizo un viaje por avión a Estados Unidos. En el aeropuerto de Chicago el agente de migración le preguntó sus datos a fin de llenar un formulario. "¿Nombre?" "Cruz Treviño de la Garza y Garza, *pa'* servir a Dios y a usté". "¿Edad?" "65 años, *míster*, entrados a 66. Los cumplo el próximo 3 de mayo, si Dios me da vida y *salú*". "¿Oficio?" "Agricultor, *pa'* lo que guste *usté* mandar". Pregunta el de la migra: "¿Raza?" Y responde don Cruz con gran sonrisa al tiempo que le daba al gringo una fuerte palmada en las espaldas: "¡De a madre, caón!"

UN MEXICANO DEL norte fue a París. En la orilla izquierda del Sena se le acerca un sujeto de gabardina y sombrero de ala baja y le propone con misteriosa voz: "¿Fotos pornográficas?" "No" —responde el mexicano—. "¿Boletos para el burlesque?" "No". "¿Una mujer?" "No". "¿Un hombre?" "No". Ya se retiraba el conseguidor cuando el norteño lo detiene por la manga y le pregunta también en voz muy baja: "Oye, pelao: ¿sabes de algún restaurante de cabrito?"

NOVIOS

"¿Y CREE USTED, joven —le pregunta el severo señor al galancete que le pedía la mano de su hija—, que puede hacer feliz a Susiflor?" "Estoy seguro de que sí, don Poseidón —responde él—. Anoche, por ejemplo, la hice muy feliz".

LIBIDIO Y PIRULINA iban en coche por la carretera. Algo distrajo a Libidio y fue a chocar contra un árbol. Cuando recobró el conocimiento vio junto a él a un enfermero de la Cruz Roja. "Le fue bien, amigo —le dice éste—. No le pasó nada porque traía puesto el cinturón. En cambio su novia salió volando y fue a parar en la copa de ese árbol". "Hubiera preferido no traer yo tampoco el cinturón —responde Libidio con gemebunda voz—. ¿Ya vio lo que mi novia tiene en la mano?"

LE PREGUNTA LA abuelita a su joven nieta: "¿Qué tal tu nuevo novio, Dulcilí?" "Es muy lindo —responde la muchacha con acento ensoñador—. Cuando estamos juntos me baja el sol, la luna y las estrellas". La señora se alarma. "¿Y nada más eso te baja?" —inquiere preocupada.

"CUANDO ME BESAS, Libidiano, siento que me das una cucharadita de amor, y eso me gusta". "Pues entonces prepárate, Susiflor. Ahí te voy con la pala".

COMENTABA UN TIPO en el bar: "Mi novia y yo estamos perdiendo interés en el sexo. Creo que ha llegado la hora de casarnos".

LA MUCHACHA TOCABA el piano en la sala, y el novio cantaba una romanza: "Soy como la golondrina". Al papá de la chica le llamó la atención la apasionada vehemencia de la música y se asomó a ver a los intérpretes. Lo que vio lo puso en paroxismo de iracundia. Mientras cantaba *Soy como la golondrina,* el muchacho metía mano en el escote de la chica. "No, señor —dice furioso el padre—. Usted no es como la golondrina: usted es como la shingada".

EL GALÁN NO pudo ponerse en aptitud de expresar a su compañera su vehemente amor. Le pregunta ella: "¿Qué te pasa?" Explica él: "Hoy en la mañana puse la llave en la cerradura del coche y se me quedó atorada. En la oficina quise afilar un lápiz y se me quedó atorado en el sacapuntas. Después intenté destapar un tubo con un desarmador y también se me quedó atorado. Con esa mala racha estoy algo nervioso".

DICE UN MUCHACHO a su amigo: "Simpliciano, ¿cómo te fue anoche con Rosibel?" "Muy mal —responde él con disgusto—. Le da sueño muy pronto". "¿Cómo es eso?" —inquiere el amigo—. "Sí —responde Simpliciano—. Nomás comencé a besarla y me preguntó muy ansiosamente que a qué horas nos íbamos a acostar".

LLOROSA Y COMPUNGIDA Dulcilí anunció a su novio Libidiano que se hallaba en estado de buena esperanza, es decir, que iba a ser mamá. "Dulcilí —le dice Libidiano con gran solemnidad—. Puedo asegurarte que en este problema no estás sola". "¿De veras? —pregunta ella—. "Sí —confirma Libidiano—. Según las estadísticas por lo menos un 37 por ciento de la población femenina en los países de América Latina está en la misma situación que tú".

LA PAREJA DE novios sale del cine donde exhibían una película de adultos "¡"Caray! —exclama la muchacha—. ¡Qué bueno que venimos al cine! ¡Qué manera de manejar el erotismo, la pasión, todos los instintos de la lujuria y la sensualidad! Me pregunto qué tal estaría la película".

LE DICE ROSIBEL a su mamá: "Yo creo que Libidio ya quiere formalizar nuestras relaciones. Hoy no se puso condón".

EL INSPECTOR DEL tren de pasajeros hizo detener a una parejita, pues sorprendió a los tórtolos haciendo el amor en su asiento, validos de la penumbra del vagón de segunda clase. Al muchacho le fue aplicada una multa por hacer un viaje de primera con un boleto de segunda.

AQUEL FILÓSOFO TENÍA la mente grande, pero chiquirritico todo lo demás. Por otra parte sufría de *ejaculatio prematura* (con letra cursiva, por favor, para que no se vea tan mal. *N. del A.*), esa condición —curable, por lo demás— que en japonés se llama *Kómo keyá*. Al término de cada trance amoroso, brevísimo siempre, y apenas sentido por su desconcertada pareja, el filósofo ponía en ejercicio sus filosofías, y se justificaba así ante ella: "Entiende, mi amor: lo bueno, si breve, es dos veces bueno".

LA LINDA MUCHACHA soltera dio a luz un bebé. Le dijo a uno de sus numerosos novios: "Tú eres el padre de este niño". El tipo se defendió: "¿Cómo lo sabes? Has estado saliendo con Pedro, Juan y varios. Cualquiera de ellos podría ser el padre. ¿Por qué dices que soy yo?" Explica ella. "El niño tiene tu principal característica". Se amoscó el sujeto: "¿Cuál es esa característica?" Responde la muchacha: "Es prematuro".

DESCONCERTADA, LA LINDA chica le dijo a su galán: "¡Esto no es el anillo de compromiso que esperaba yo! ¡Es sólo un pequeño brillante!" "Ya lo sé, mi vida —contesta el novio—. Pero lo montaré el mismo día que me dejes hacer lo mismo contigo".

FACILDA LASESTAS, MUCHACHA que trabajaba en una fábrica, dio a luz un bebé, y le dijo a su novio de turno que él era el papá. "Un momento —se puso el galán a la defensiva—. Has andado con Pedro, Juan y varios. En la fábrica te dicen 'La pies planos' porque pisas con toda la planta. ¿Cómo sabes que el niño es mío?" Responde Facilda sin dudar: "Porque se parece a ti". "¿En qué?" —pregunta el novio, suspicaz—. Contesta ella: "También él es prematuro".

EL GALÁN LE informó a su novia que la iba a dejar por otra chica. "¡Canalla miserable infame maldecido desleal villano sinvergüenza traidor aleve ruin! —clamó ella en rápida sucesión adjetival—. ¿Por otra mujer me dejas? ¿Qué tiene ella que no tenga yo?" Responde él con tristeza: "Un embarazo de tres meses".

LA MUCHACHA LE dice a su novio. "¿Verdad, Fecundino, que dicen que al hombre se le conquista por el estómago?" "Eso afirma un viejo dicho" —responde él. "Bien —le informa la muchacha—. Date por conquistado, porque el mío me está creciendo".

TENDIDA SOBRE SU espalda, en la playa, la muchacha le dice a su pareja: "¡Cuántas estrellas! ¡Qué cielo tan hermoso!" Contesta el galán respirando con agitación: "No estoy en posición de opinar".

FORTUNIO SE IBA a casar con Crésida, muchacha bella y rica. Los padres de ella no veían con buenos ojos al galán, pues la mamá era miope, y el papá sufría de cataratas. Además el pretendiente era un tarambana, decían, que sólo deseaba gozar la beldad y dineros de su hija. Un hombre así, carente de principios y moral, de ninguna manera sería un buen esposo. Pero ya se sabe: cuando una mula dice: "No paso", y una mujer dice: "Me caso", la mula no pasa, y la mujer se casa. Crésida se empeñó en desposar al tal Fortunio, y sus padres hubieron de ceder. Tenían ellos otra hija, Rosafina, cuya belleza era aún mayor que la de Crésida. Unos días antes de la boda, Rosafina llamó por teléfono a Fortunio, y le dijo que quería hablar con él. "Mi hermana y mis papás saldrán hoy por la tarde —le indicó—. Ven a la casa, y podremos hablar tranquilamente". Atendió Fortunio aquel insólito llamado. Cuando llegó encontró a su futura cuñada cubierta sólo por un vaporoso negligé que no velaba ninguno de sus pródigos encantos. Le dijo la muchacha: "Siempre me he sentido atraída por ti. Vas a casarte con mi hermana, pero antes de la boda quiero tener sexo contigo". No respondió palabra el prometido. Salió corriendo de la casa, y abrió la puerta de su coche para subir a él. En ese momento los papás de Crésida salieron de atrás de los arbustos del jardín, donde se habían ocultado. "¡Ven acá, hijo mío! —lo abrazó conmovido el padre de la joven—. ¡Pasaste la prueba que te pusimos! ¡Resististe la tentación! Estábamos equivocados al juzgarte. Ahora sabemos que eres digno de tomar como esposa a nuestra hija. ¡Bienvenido seas a la familia!" El cuento que acabo de narrar tiene una moraleja: serás feliz si traes siempre un condón en la guantera de tu coche.

DON POSEIDÓN ENTRÓ en la sala donde estaba su joven hija con el novio. Quién sabe qué vería don Poseidón, el caso es que le pregunta al galancete: "¿Puedo ofrecerte algo, Heréctor? ¿Un sándwich? ¿Un refresco? ¿Una ducha helada?"

TERMINA EL TRANCE de amor y el joven Meñico le dice muy apurado a su pareja: "Cometí una equivocación, Pirulina. Ojalá de esto no resulte ninguna consecuencia". "No te preocupes —responde ella—. Tu equivocación es tan pequeña que seguramente no va a suceder nada".

EL NOVIO NO se iba, a pesar de que el reloj había sonado ya las 12 de la noche. El papá de la chica se asoma por la escalera de la sala y le dice: "Susiflor: ya es hora de ir a la cama". "Exactamente eso mismo le estaba diciendo yo, señor —manifiesta el galancete de la niña—. Pero no quiere".

BREVE HISTORIA DE amor en cinco escenas.
1. "¡Oh, Libidiano! ¡Aquí no, por favor!"
2. "¡Oh, Libidiano! ¡Aquí no!"
3. "¡Oh, Libidiano! ¡Aquí!"
4. "¡Oh, Libidiano!"
5. "¡Oh!..."

SIMPLICIANO INVITÓ A Rosibel a salir. Le dijo que irían al cine y luego a cenar. "Está bien —acepta ella—. Pero con una condición: cada quien se hará cargo de lo suyo". Van al cine, y Rosibel paga su boleto. Van a cenar, y Rosibel paga su cena. De regreso en el coche Simpliciano intenta algo: pone su mano en la rodilla de la chica. Rosibel la quita de ahí y la pone en la entrepierna del galán. "Quedamos —le dice— en que cada quien se haría cargo de lo suyo".

CARENIO, JOVEN EDUCADO, invitó a salir a Nalguria, muchacha de opulentas formas pero de cultura exigua. Al final de la cita dice él: "Estaré lejos los próximos seis meses, Nalguria, pues voy a estudiar fuera. ¿Aceptarías tener conmigo una relación epistolar?" "Claro que sí acepta ella—. Pero primero enséñame la pistola".

SE LLEVABA A cabo la ceremonia de petición de mano, y salió a la conversación el tema de las comidas. Le pregunta la mamá del novio a la futura desposada: "Y dime, Glorilú: ¿ya probó mi hijo algo hecho por tu mano?" Pregunta a su vez la chica, con cautela: "¿Quiere usted decir, algo de comer?"

AFRODISIO, GALÁN CONCUPISCENTE, le propone a Dulcilí: "Vamos al jardín para darte un beso en lo oscurito". "¡Ah, no! —protesta ella—. ¡Si quieres besarme tendrá que ser en los labios, como todos!"

EL ATREVIDO GALÁN y su dulcinea salieron a dar un paseo en el coche del muchacho. Las circunstancias —¡ah, las circunstancias!— los llevaron a un paraje alejado de toda indiscreción, menos de la de ellos, y en el asiento de atrás del automóvil se entregaron con ardoroso anhelo al primigenio rito natural. Acabado el erótico trance, que se cumplió con las prisas y urgencias propias de esos casos, el joven fue a dejar a la chica en su casa. Al llegar advirtió algo que lo dejó asombrado: a su coche le habían salido picos en el techo. "¿Qué será esto?" —pregunta muy intrigado a la muchacha—. Responde ella: "Te dije que me dieras tiempo para quitarme estos zapatos con tacón de aguja".

LA MUCHACHA TENÍA magnificente busto. El novio aspiraba a disfrutarlo. Le dice a la chica: "Anda, Chicholina: lo único que necesitamos es imaginar que tú eres una vaca maternal y yo un becerrito con mucha hambre".

EL SEÑOR, INQUIETO porque era ya la medianoche y el novio de su hija no se despedía, se asoma por el barandal del segundo piso y pregunta: "Rosilí, ¿está ahí Leodegario?" "Todavía no —responde la muchacha—. Pero ya anda cerca".

UNA MUCHACHA SUBIÓ al autobús. Se veía muy cansada. En el camión iba un galante caballero. Se levanta y dice a la muchacha: "Permítame cederle mi asiento, señorita". "Gracias, señor —responde la muchacha—. Prefiero estar de pie: estuve dos horas con mi novio, y quiero descansar de ahí".

DELICADAMENTE, CON MUCHA suavidad, en forma reposada, la ingenua Susiflor puso la mano en cierta parte de su novio apenas se vio a solas con él en su automóvil. Se le queda viendo el muchacho con mirada interrogativa. Y ella le explica aquella suave acción: "Mi mamá me dijo que no me dejara llevar por la pasión; que tomara las cosas con calma".

UN JOVEN GALÁN compró unos guantes de piel para regalarlos a su novia. Por error la tienda envió a la chica, en vez de los guantes, una fina prenda de ropa interior. En la notita con que su novio acompañaba el regalo leyó desconcertada la muchacha lo siguiente: "Espero que te gusten, pero no te apresures a mostrarlos a tus amigos, porque primero quiero vértelos yo. Si te aprietan un poco, ínflalos con todas tus fuerzas. Cuando salgas no los olvides en algún carro como hiciste con los otros que te regalé. Como ya sé que trabajas mucho y cada rato tendrás que quitártelos y ponértelos, pienso que los vas a ensuciar mucho. Para lavarlos remójalos una semana en una tina con gasolina. Si se te agujeran, un zapatero podría arreglártelos fácilmente. ¿Los llevarás la próxima vez que nos veamos? Yo tengo unos iguales desde hace diez años, y me han salido muy buenos, y eso que todos en mi casa los usan. Hasta pronto. Juan".

LA SEÑORA ESTABA muy orgullosa porque en el jardín de su casa había hecho construir una pérgola, especie de pequeño kiosco con plantas. Se preocupó, sin embargo, cuando vio a su hija muy amartelada con el novio. "¡Susiflor! —la llama— ¿Estás besando a Forniciano en la pérgola?" "¡Ay, no, mamá! —exclama Susiflor muy escandalizada—. ¡Nada más en los labios!"

DULCILÍ ACUDE LLORANDO ante su madre. "Mami —le dice gemebunda—, ¿recuerdas que te dije que Pitoncio era un pan?" "Sí me acuerdo" —responde la señora—. Estalla en sollozos Dulcilí: "¡Pues ya me engordó!"

UN MUCHACHO TOMÓ un taxi, y entabló conversación con el taxista. "Estoy feliz —le cuenta—. Una chica muy linda me invitó a cenar en su casa, con su familia. Después, con el pretexto de ir al cine, nos iremos a mi departamento. ¡Qué rato me voy a pasar!" Por la noche, ya en la casa de la chica, el muchacho pidió permiso para decir una oración antes de la cena. Inclina devotamente la cabeza y reza: "Te damos gracias, Señor, por esos alimentos, y te pedimos que conserves en nosotros el espíritu de la Navidad, que es espíritu de paz y, sobre todo, de perdón y comprensión. Amén". Terminada la oración la chica le dice en voz baja al muchacho: "Nunca me dijiste que eres tan religioso". Responde él también en baja voz: "Y tú nunca me dijiste que tu papá es taxista".

"PRÉSTAME UNOS GUANTES" —le pide un muchacho a su amigo—. "Con este calor, ¿para qué quieres guantes?" —se sorprende el amigo—. "Para ir al cine" —responde el otro—. "¿Al cine con guantes?" —se asombra más el amigo—. "Sí —explica el primero—. El papá de mi novia es experto en huellas digitales".

EL NOVIAZGO SE había prolongado más de lo conveniente, de modo que la chica dice a su galán: "¿Cuándo me pides, Remisio?" "Cuando sea —responde él—. Si quieres hoy mismo". "Está bien" —acepta ella—. Y dice el tipo: "Préstame 500 pesos".

DESDE LO ALTO de la escalera que conducía a la segunda planta el señor y la señora vieron al novio de su hija, que en la sala hacía objeto a la muchacha de encendidas caricias de pasión. Rebufa con iracundia el padre: "¡Voy a enseñarle a ese mozalbete un par de cosas!" Le dice la señora: "Francamente, Inepcio, no creo que puedas enseñarle nada".

DOS NOVIOS ESTÁN platicando en la romántica plaza del pueblito cuando de pronto una urraca ¡splash!, deja caer su proyectil sobre la cabeza del muchacho. "¡Qué barbaridad! —exclama él dirigiéndose a la chica—. ¿No tienes un kleenex?" "¡Oye no! —se enoja ella—. ¡Quién se va a subir al árbol a limpiar al pajarraco ese!"

EL GALÁN FUE a pedir a su novia, y se la dieron. Se sirvió la cena, preparada por la chica. Y el muchacho le dice feliz: "¡Esto es lo primero que pruebo hecho por tu mano!" "¡Mentirosillo!" —responde ella—.

EL SEDUCTOR GALÁN y la muchacha iban por la calle cuando ven a un perrito y una perrita haciendo lo que las perritas y los perritos hacen en la calle. Aprovechando la ocasión el tipo clava una romántica mirada en la muchacha y le dice con muy meliflua voz: "¡Caray, Melpómene! ¡Me gustaría hacer lo mismo!" "Pues hazlo —le responde la muchacha—. Nomás ten cuidado cuando quites al perro, no te vaya a pegar una mordida".

SIMPLICIANO, JOVEN INOCENTE, iba a casar con Pirulina, muchacha que sabía todo acerca de la vida, y algunas cosas más. El cándido novio le confió a un amigo: "Pienso que mi futura esposa ya no es virgen". "Hay una forma de averiguarlo —le dijo éste—. Lo único que necesitas es un poco de pintura azul, un poco de pintura roja, y una pala. La noche de las bodas píntate un testículo de azul y otro de rojo. Si cuando tu novia los ve te dice con una carcajada: '¡Tienes los estos más raros que he visto en mi vida!', entonces ¡cuas! le pegas con la pala en la cabeza".

MUY ENOJADA LA muchacha le pidió a su galán que le quitara la mano del opulento busto, muelle lugar donde el tipo atrevidamente la había colocado. "Pero, Bustolia —se justifica él—. Te dije que quería hablarte con la mano puesta sobre el corazón. No dije si sobre el mío o sobre el tuyo".

EL APASIONADO GALÁN fue a un día de campo con su novia y la familia de ella. Llevó a la chica a un lugar apartado, y tras de muchos ruegos logró convencerla de que le permitiera expresarle su apasionado amor. Le dice: "Haz como que te sientas en el suelo". La muchacha se sienta. "Ahora haz como que te acuestas". La muchacha se acuesta, y luego pregunta ansiosamente: "¿Y ahora?" "Ahora —le dice el muchacho— haz como que te está dando un ataque, porque ahí viene tu papá".

AQUELLOS NOVIOS ESTABAN en vísperas de unir sus vidas y todo lo demás. Le dice él a ella: "Les pedí a los músicos que cuando entremos en la iglesia, en vez de tocar la *Marcha nupcial* toquen *La Bamba*". "¿*La Bamba*? —se asombra la muchacha—. ¿Por qué?" Explica el novio: "Porque desde ese día me vas a tener arriba y arriba".

UN MUCHACHO CONOCIÓ en una fiesta a un psiquiatra, y aprovechó la oportunidad para hacerle una consulta. "Doctor —le dice—. Mi novia se está volviendo ninfómana poco a poco, y quiero saber si es posible…" "¿Quitarle esa tendencia a la ninfomanía?" —inquiere el analista. "No —aclara el muchacho—. Acelerársela".

SIMPLICIANO SE IBA a casar con Pirulina. Le pregunta solemnemente: "¿Conservas tu virginidad?" "No —responde ella—. Pero conservo el estuchito en que venía, y estoy segura de que te va a gustar".

EL MUCHACHO Y su novia se iban ya a casar. Él le pedía adelantar las cosas, pero ella se resistía. "Espera un poco más —lo instaba—. Sólo faltan tres meses para que nos casemos". Dice él: "¡Se me va a hacer muy largo!" Y pregunta ella con mucho interés: "¿Qué tan largo?"

DON POSEIDÓN, PAPÁ de Dulcilí, sorprendió a su hija en actitud yacente con su novio. El severo genitor se dirige al muchacho y le dice con voz tonante: "¿Cómo es que te encuentro así con mi hija, descastado? ¡Respóndeme de inmediato! ¡¿Cómo es eso?!" Responde con timidez el galancete: "Es maravilloso, señor".

AFRODISIO, GALÁN CONCUPISCENTE diestro en toda suerte de voluptuosidades, le hizo una invitación a Dulcilí, muchacha ingenua sin ciencia de la vida. "Vamos a jugar al muerto y al vivo" —le propone—. Inquiere Dulcilí con inquietud: "¿Cómo se juega eso". Responde Afrodisio lleno de salacidad: "Tú te acuestas en el suelo y te haces la muerta. Entonces yo me subo arriba de ti y me hago el vivo". ¡No aceptes, Dulcilí, esa dolosa invitación! Recuerda que "De los abracijos nacen hijos", que "Boca con boca pronto se desboca" y que "Besos y no llegar a más, pocas veces lo verás".

Guarda impoluta la gala integérrima de tu doncellez; resérvala para el feliz mortal que te dará mano de esposo. Muchas pobres mujeres prestaron oído a labiosos galanes —y otras cosas también les prestaron— sólo para verse luego olvidadas por aquellos a cuyas aleves promesas dieron fe.

EN EL ASIENTO de atrás del automóvil el ardiente galán trataba de convencer a su dulcinea, muchacha llena de escrúpulos y de temores. "Vamos, Rosibel —le dice, meloso—. ¿No ves cómo la flor del amor abre sus pétalos? ¿Por qué con tu desvío e indiferencia haces que se marchite esa flor?" Replica Rosibel: "La flor como sea. A lo que le tengo miedo es al fruto".

SEXO

EN SU MINÚSCULO auto compacto el joven Afrodisio llevó a Rosibel a un romántico paraje. Ella descendió del cochecito y se tendió voluptuosamente sobre el césped. Pero el galán no descendía del auto. "¡Afrodisio! —llama ella—. Si no bajas del coche se me van a quitar las ganas". Responde él: "Y si a mí no se me quitan las ganas no voy a poder bajar del coche".

DON VETERINO, SEÑOR de edad madura, estaba tomando el sol, desnudo, en el jardín de su casa. Llegó una abeja y le picó ahí. Fue con un médico y le dijo: "Sáqueme el aguijón, doctor. Pero, por favor, no haga nada para reducir la inflamación".

EL COCHE DEL agente viajero sufrió un desperfecto y el tipo se vio obligado a pasar la noche en casa de un granjero. Era padre el señor de una doncella núbil cuyos muníficos encantos suscitaron la rijosa salacidad del visitante. Así, en el silencio de la noche el tipo se dirigió al aposento de la chica y después de envolverla en su incitante labia seductora empezó a ejercitar en ella el antiguo y eterno rito del amor. A tal afán hallábase entregado cuando sintió en el orificio posterior una punzante y fría sensación. Asustado volvió la vista atrás: ahí estaba el granjero. "No se detenga, joven —dice el hombre—. Permítame nada más dejar ahí el cañón de mi escopeta mientras escucho cómo le propone usted matrimonio a mi hija".

LLEGÓ CIERTO INDIVIDUO a una casa de mala nota y contrató los servicios de una de las mujeres que ahí se dedicaban a actividades de contenido al mismo tiempo mercantil y erótico. Tan diestro era el sujeto en artes amatorias que llevó a la falena a un éxtasis de indecible voluptuosidad. Encantada, satisfecha como nunca jamás lo había estado, ella le ofreció al fulano una segunda vuelta gratis. El tipo aceptó el ofrecimiento y de nuevo hizo gala de su pericia de magistral amador, tan fogoso como sutil y refinado. La daifa, entusiasmada, quiso refocilarse otra vez con la acabada técnica del visitante, de modo que le propuso un tercer encuentro: ahora ella le pagaría. Quiso él hacer honor a ese ofrecimiento, pero ya estaba fatigado por los deliquios anteriores, y la naturaleza negó lo que la voluntad deseaba. Dirigiéndose a la parte que falló le dice el tipo muy molesto: "Qué bonito, ¿verdad? Para hacerme gastar eres muy buena, pero cuando se trata de que me gane un peso..."

PIRULINA SE FUE a confesar con el padre Arsilio. Éste se había tomado una copita de tequila antes de comer. "Me acuso padre —empieza Pirulina— de que hice el amor con mi novio... ¡Ay, padre, huele usted mucho a tequila! Y me acuso de que hice el amor con un vecino... ¡Padre, le digo que huele usted mucho a tequila! Y me acuso de que hice el amor con mi jefe... ¡Ay, padre, cómo huele usted a tequila!" El señor cura estalla. "¡Mira! —le dice furioso a Pirulina—. ¡Ya no me molestes con eso de que huelo a tequila! ¡Desde hace un buen rato tú me estás oliendo a piruja, y no te he dicho nada".

DOÑA FRIGIDIA, SEÑORA de madura edad, les contaba a sus amigas un suceso que le había pasado la noche anterior con su marido. "Llegó con algunas copas —empieza a relatar—. Se metió en la cama, se me repegó e hizo lo que hacía muchos años no hacía: me puso la mano en una pierna y empezó a acariciarla lentamente. Entonces sentí aquella vieja sensación que siempre me asaltaba en momentos como ése, y que también hacía mucho tiempo no sentía". "¿Excitación?" —pregunta con interés ansioso una de las amigas—. "No —responde doña Frigidia—. Dolor de cabeza".

EL SEÑOR SE quejaba de que su mujer era muy fría en el acto supremo. "Quizá has caído en la rutina —le dice un amigo—. Debes rodear ese momento de un ambiente propicio. Instala en tu alcoba un escenario exótico; haz una fantasía de ese instante". "¿Cómo?" —pregunta el buen señor—. "No sé —contesta el otro—. Podrías poner cortinajes y brocados; cojines y divanes; alfombras, como figurando un harén oriental. Así tu esposa y tú se sentirán bajo el embrujo de un cuento de *Las mil y una noches*. Para aumentar el efecto contrata a un negro que los abanique con una hoja de palmera. Verás que con todo eso se despierta la imaginación de tu señora, y así podrá entrar en éxtasis romántico". El señor siguió el consejo. Hizo colocar las cortinas, los brocados, todo; contrató al negro. Y esa misma noche procedió a la debida acción con su mujer. Vano intento; ella no respondía a sus eróticos deliquios. Era la misma de siempre: imperturbable, fría, únicamente lo dejaba hacer. El tipo se dio por vencido. Entonces su señora, tímida, propone: "¿Por qué no cambias de sitio con el negro?" El marido accede a la propuesta, y el cambio se efectúa. A poco ya estaba la mujer poseída por convulsivos espasmos de placer y gran delectación. El señor, que con acompasado ritmo y graciosa elegancia seguía agitando la hoja de palmera, le dice al negro con desdén: "¿Ya viste, caón? Es que no estabas abanicando bien".

ERAN DOS MATRIMONIOS, ambos con ideas muy liberales en materia de sexualidad. Una vez acordaron ir juntos de vacaciones. Cuando llegaron al hotel de la playa los cuatro acordaron intercambiar pareja. Ya dije que eran muy liberales en cuestión sexual. A la mañana siguiente le dice uno de los hombres a su pareja: "Me pregunto cómo habrá pasado la noche la otra pareja, Volterio".

OFICINISTAS

EN EL DÍA de campo de la oficina una de las chicas tomó una copita de más y se quedó dormida sobre la grama del ameno prado. (Esta última frase salió muy mamullona. La voy a cambiar.) Una de las chicas tomó una copita de más y se quedó dormida en el suelo. En eso llegó un hatajo de vacas que iban en derechura a donde la muchacha estaba en su letargo soporoso. Corrieron sus compañeros a desviar a los animales, pero llegaron demasiado tarde. Ya las reses iban pasando sobre ella, y la pisaban con sus enormes patas. Los asustados camaradas oyeron a su amiga decir estas palabras: "Por favor, muchachos: uno por uno".

CON VOZ MELOSA le dice don Algón a su nueva y curvilínea secretaria al tiempo que leía la carta escrita por ella: "Va usted adelantando mucho, Chicholina: cometió nada más nueve faltas de ortografía. Veamos ahora el segundo renglón".

LE DICE UN amigo a don Algón: "Supe que tienes nueva secretaria. ¿Has intentado algo con ella?" "Me da miedo —responde don Algón—. Se llama Concepción Segura".

EL APUESTO JOVEN le dice a su compañero de oficina: "¡Cómo eres tonto, Flordelisio! ¡La secretaria del gerente se muere por ti, y sin embargo tú no le echas ni una miradita! ¡Si a mí alguien me mirara como Susiflor te ve a ti, aunque fuera una vaca en ese mismo instante me le aventaba!" Entorna los ojos Flordelisio y le contesta: "¡Mú!"

EL SOCIO DE don Algón le pregunta: "¿Por qué pediste una nueva secretaria?" Responde don Algón: "La que me mandaron no tenía experiencia. Lo único que sabía era taquigrafía, mecanografía, computación, inglés, relaciones públicas, mercadotecnia, contabilidad, impuestos, nóminas, Seguro Social, publicidad, desarrollo organizacional y archivo".

EL OFICINISTA DICE a uno de sus compañeros: "Me voy a casar la próxima semana. ¿Me ayudas con algo?" "¡Claro que sí! —replica el individuo—. ¡Dile a tu señora que cuente conmigo los viernes en la noche y los sábados todo el día!"

DON ALGÓN SE quejaba de un dolor de muelas. "Te compadezco —se conduele un amigo—. No hay nada más terrible que un dolor de muelas". "Y sin embargo —dice don Algón—, hoy por la mañana me olvidé por completo de él". "¿Cómo fue eso?" —se interesa el amigo—. "Bueno —empieza a narrar don Algón—. Estaba yo de pie frente a mi escritorio, con el cajón abierto, cuando sonó el teléfono. Lo contesté y empecé a hablar. Entonces llegó mi secretaria, de un golpe cerró el cajón y me pescó… ya sabes qué. Fue entonces cuando se me olvidó el dolor de muelas".

"TUVE QUE DESPEDIR a mi nueva secretaria el mismo día que la contraté" —dice el maduro ejecutivo a su amigo—. "¿Por qué? —quiere saber éste—. ¿No tenía experiencia?" "Ninguna —dice el ejecutivo—. Le pedí que se sentara para dictarle una carta, y buscó una silla".

DON ALGÓN, JEFE de la oficina, se recargó en la ventana. Ésta cedió y don Algón estuvo a punto de precipitarse al vacío desde el piso noventa. Hubiera perecido de seguro si no es porque el modesto empleado Mequínez, presente por puro azar en la oficina, se lanzó hacia él y agarrándolo por las piernas logró evitar la caída. "¡Gracias, modesto empleado Mequínez! —le dice don Algón abrazándolo en una expansión de gratitud muy rara en él—. ¡Me ha salvado usted la vida! ¡Pídame lo que quiera: un ascenso, un aumento sustancioso de salario, unas vacaciones con su familia en cualquier parte del mundo! ¡Lo que me pida se lo concederé!" "Sí le voy a pedir algo —responde con humildad el modesto empleado Mequínez—. Que mis compañeros no se enteren de que lo salvé".

UNA SECRETARIA LE dice a otra: "El señor Gaudicio pesa ochenta y cinco kilos; el señor Florández setenta y cinco y medio y el señor Patané sesenta kilos tres cuartos". "¿Cómo lo sabes?" —pregunta otra secretaria—. "Puedo calcular exactamente el peso de cualquier hombre con sólo verlo" —responde la muchacha—. "A ver —pregunta la otra—: ¿Cuánto pesa esa caja fuerte?" "¡Oye no! —replica la muchacha—. ¡Cajas fuertes nunca he tenido encima!"

DON ALGÓN EXPLICABA las prácticas que seguía en su empresa: "Mi política con los vendedores es diferente de la que sigo con las vendedoras. En el caso de ellos los despido si no tienen éxito en la primera semana. En el caso de ellas las despido si en la primera semana no tengo éxito yo".

DOS JÓVENES SECRETARIAS están platicando a la hora de la comida. Dice una: "Don Algón, mi jefe, tiene una manía que me molesta mucho. Cuando me dicta se sienta junto a mí y me pone las manos en las rodillas". Dice la otra: "Mi jefe está más allá de esas cosas".

LA SECRETARIA DE exuberante busto le pregunta, nerviosa, a su jefe: "¿Qué tanto me ve, don Algón?" "Nada, Rosilí —contesta él—.

Pensaba en ese único botón que tiene su blusa. Pobrecito, él solo para tan grandes responsabilidades".

DON ALGÓN, SALAZ ejecutivo, le dijo a Rosibel, linda muchacha: "Quiero hacerte un regalo". Sugirió ella: "Me gustaría algo en blanco". Preguntó don Algón: "¿Un vestido?" "No —precisó Rosibel—. Un cheque".

AQUEL SUJETO ESTABA haciéndole el amor tranquilamente a una mujer casada en la alcoba de la casa de ella. Le dice a la señora: "Realmente me gusta trabajar para tu marido. Le gusta delegar muchas de sus responsabilidades".

DON WORMILIO, SUFRIDO empleado de don Algón, decía con un suspiro: "¡Cómo quisiera que mi jefe fuera el arzobispo!" " ¿Por qué el arzobispo?" —se sorprende uno de sus compañeros—. Explica don Wormilio: "Porque entonces lo único que tendría que besarle sería el anillo".

LA CLASE TRABAJADORA sufre penalidades de todo orden. Una obrera se casó. Al empezar la noche de bodas contempló con mirada escrutadora la anatomía de su flamante maridito, y luego exclamó con disgusto: "¡Carajo! ¡Toda la vida con salario mínimo, y ahora esto también mínimo!"

DON AUGURIO MALSINADO es un hombre a quien la mala suerte persigue de continuo. Una mañana les dijo a sus compañeros de oficina: "Estoy muy preocupado. Hoy en la mañana saqué una camisa del cajón, y se le cayó el botón del cuello. Cogí una taza para tomarme mi café, y se le desprendió el asa. Luego agarré mi portafolio y me quedé con la agarradera en la mano. Ahora me da miedo ir a hacer pipí".

DULCILÍ, MUCHACHA INGENUA, casó apuradamente con Simpliciano, un compañero de oficina tan cándido como ella. Sucedió que —inocentes y todo— tuvieron un trance de amor en la mismísima oficina donde trabajaban, y a consecuencia de tal encuentro ella iba a ser mamá. Cumplido el término natural Dulcilí dio a luz tres robustos bebés. "No me lo explico —le decía muy pensativa a Simpliciano—. ¿Por qué tuvimos triates, si nada más lo hicimos una vez?" "Es cierto —le explica él—. Pero recuerda que lo hicimos sobre la copiadora".

UN ESPECIALISTA EN mecatrónica le vendió un robot a don Algón. El tal robot tenía la forma y habilidades de una hermosa y eficiente secretaria: podía tomar dictado; preparaba un magnífico café; tenía conocimiento de todos los programas de computadora y, sobre todo, guardaba absoluto secreto —de ahí la palabra "secretaria"— sobre las citas privadas de su jefe. Una advertencia, sin embargo, hizo el vendedor a don Algón, cuya salaz proclividad bien conocía: "Tenga mucho cuidado, señor —le aconsejó—. En la parte que usted sabe el robot tiene sacapuntas".

DON ALGÓN SE quejaba de su secretaria. "¡Ah, esta Susiflor! —decía muy molesto—. ¡Dejó su frasco de píldoras anticonceptivas sobre la copiadora, y ahora la máquina no reproduce!"

DON ALGÓN FUE a un motelito con una linda chica. Ella quiso ver la televisión, pero él le dijo: "Vamos a nuestro negocio, linda". Poco después le dice ella. "Uh, don Algón. No sabía que el negocio se le iba a caer tan pronto".

EL JOVEN EMPLEADO le pidió a su patrón que le permitiera faltar al siguiente día. Le dijo que su esposa iba a tener bebé. "¡Felicidades! —lo congratuló el señor—. ¡Claro que puedes tomarte el día! Y, ¿qué va ser el bebé? ¿Niño o niña?" Responde el muchacho: "Es demasiado pronto aún para saberlo. Tardará todavía unos nueve meses".

EL EMPLEADO DE don Algón le pidió permiso de faltar al trabajo aquella tarde, pues debía asistir al sepelio de su señora suegra. "¡Caramba, Leovigildo! —se enoja don Algón—. Hace menos de un mes se fue usted de vacaciones. La semana pasada me pidió permiso para ir a un concierto de rock. Ahora quiere la tarde para asistir al sepelio de su suegra. ¡Usted sólo piensa en divertirse!"

EL GERENTE DE la compañía acababa de contratar a un nuevo subgerente. Le dice muy solemne: "¿Y está usted consciente, señor Ovonio, de cuál es la función de un subgerente?" "Claro que sí, don Algón —responde el tipo—. Debo echarme la culpa de todas las indejadas que cometa usted".

EL ENCARGADO DE las encuestas de un periódico hace sonar el timbre. Le abre la puerta la joven criadita de la casa. "Vengo a encuestarla" —le dice el muchacho—. "¿También usted?" —se consterna la criadita—. "¿Ya la encuestó alguien?" —le pregunta el visitante—. "Sí —responde ella—. La siñora salió de viaje, y el siñor me encuesta todas las noches".

EL BANCO FUE asaltado. Le dice el gerente a la linda secretaria: "Señorita Tenderhand: ¿sería usted tan amable de acompañarme al baño? Quiero hacer pipí, y la policía me dijo que no tocara nada hasta que ellos llegaran".

SE REALIZÓ LA fiesta de la oficina. Días después una secretaria le comentaba a otra: "Don Algón debe haber andado bien borracho. Se llevó a su esposa al cuarto del archivo".

AFRODISIO LIBIDIER, GALÁN proclive a la salacidad, invitó a salir a Susiflor, recepcionista. "¡Ah no! —responde ella con determinación—. Conozco a los de su tipo. Primero me invitará usted una copa. Luego me llevará a cenar. En tercer lugar me pedirá que vayamos a bailar. Después, como cuarto paso, me sugerirá ir a su departamento. ¡Puedo leer en usted como en un libro abierto!" "En ese caso —le dice Afrodisio— no te pierdas el quinto capítulo. Es el más interesante".

SUSIFLOR TOMÓ EL autobús para ir a su trabajo. Como amenazaba lluvia llevaba consigo su paraguas. En una súbita frenada el paraguas resbaló de su mano, pero ella alcanzó a tomarlo por el mango. Poco después le dice un señor que iba a su lado. "Ya me voy a bajar, señorita". "Pues bájese" —le contesta muy extrañada Susiflor. "Pues suélteme" —le pide el hombre.

DON ALGÓN, INTEMPERANTE ejecutivo, hizo un favor a una de sus secretarias. Lo hizo por interés, naturalmente. Ya se sabe que el interés tiene pies. Lo que no se dice es que en algunos casos también tiene otras partes corporales que no son para nombrarse aquí. La guapa muchacha acudió a la oficina del lúbrico señor. "Don Algón —le dice—, no tengo palabras para agradecerle...". "¿Me permite sugerirle algunas, señorita Rosibel?" —la interrumpe el melifluo galanteador—. "Usted dirá..." —vacila ella—. Y sugiere don Algón: "'Sexo', 'Cama', 'Motel', 'Fin de semana'".

111

DON ALGÓN, SALAZ ejecutivo, invitó a una linda chica a cenar. Su intención era aviesa; tenía propósitos de lubricidad. Se arriscó don Algón al ver que en el restaurante la muchacha pedía los platillos más caros de la carta, y además con gula insólita: pidió un aperitivo, dos sopas, tres ensaladas, cuatro platos fuertes, cinco postres, y luego seis licores bajativos de los de mayor precio. Para rematar aquel banquete pantagruélico solicitó un cafecito —*espresso*, solamente— pues le había quedado, dijo, un huequito en el estómago. "Oye, linda —le pregunta amoscado el invitador a la gargantera—. ¿Así te dan de comer en tu casa?" "No —responde la muchacha—. Pero en mi casa nadie tiene intención de follarme después de cenar".

ROSIBEL, SECRETARIA DE don Algón, cerró por dentro la puerta de la oficina y luego se acercó a su patrón con insinuativos movimientos. Le dice con voz feble don Algón: "Por esta vez tendrá que disculparme, señorita Rosibel. Todavía no me repongo del aumento de sueldo que le di la semana pasada".

"¿QUÉ TAL TU nueva secretaria?" —pregunta un ejecutivo a su compañero de la empresa—. "Es mala" —responde éste—. "¡Ah, bribón! —exclama con envidia el otro—. ¡Siempre has tenido suerte, canalla!"

EL AUDITOR QUE visitaba el banco le dice a la curvilínea secretaria del gerente: "Señorita Rosibel, déme por favor la llave que le di a guardar ayer". La chica se saca la llave del sitio más sorprendente. "¿Qué significa esto? —se sorprende el auditor—. ¿Por qué trae la llave ahí?" "Señor —explica la muchacha—, usted me dijo que la guardara en un lugar en el que nada más tuviera acceso el gerente del banco".

LA GUAPA Y voluptuosa muchacha no se presentó aquel día a trabajar. El jefe de personal la llama, y cuando ella contesta el teléfono nota que respira agitadamente. "¿Está usted enferma?" —le pregunta—. "No —responde la muchacha—. "Al contrario, pocas veces me he sentido tan bien". "Entonces, ¿no está contenta con su actual posición?" —aventura el otro—. "Estoy contentísima —contesta la chica sin dejar de respirar cada vez más agitadamente—. Por eso no fui hoy a trabajar".

DESPUÉS DE MUCHO tiempo de no intentarlo, un maduro señor realizó la proeza de expresar su amor en dos ocasiones a su esposa. Se despertó a las diez de la mañana, y con alarma se dio cuenta de que se le había hecho tarde para el trabajo. Llegó corriendo a su oficina ya cerca de las once. "Discúlpeme por llegar tarde, jefe" —dijo a su patrón—. Y responde muy enojado el patrón: "No me importa que hoy haya llegado tarde, Binomio. Explíqueme más bien por qué no vino a trabajar ni el lunes ni el martes".

EL EJECUTIVO SE molestaba mucho porque cuando llamaba a su secretaria, la chica tardaba en presentarse. Un día la necesitaba con urgencia, y le dice por el interfón en tono perentorio: "¡Rosibel! ¡Quiero verla en el acto!" "Imposible, señor —responde Rosibel—. A mi marido no le gustan esas cosas".

ROSIBEL, LA GUAPA secretaria, pide auxilio: el jefe se acaba de desmayar. "¿Qué le pasó?" —le preguntan—. "No sé —contesta Rosibel—. Le dije que íbamos a tener un niño y cayó al suelo sin conocimiento. Ya ni siquiera pude decirle que íbamos a tener un niño para que hiciera los mandados de la oficina".

EL MADURO EJECUTIVO coincidió en el elevador con la secretaria de su socio. De pronto el elevador se detiene entre piso y piso. El señor oprime todos los botones, pero en vano: el ascensor se ha descompuesto "El elevador no funciona, señorita Rosibel —dice con equívoca sonrisa el maduro señor a la muchacha—. "¿No le alarma saber que pasaremos aquí un buen rato usted y yo solos?" "No —responde la chica alegremente—. El elevador no funciona, y su secretaria me ha dicho que usted tampoco".

LE PREGUNTA UNA muchacha a otra: "¿Y cómo te ha ido en tu nuevo trabajo, Rosibel?" "Muy bien —responde la aludida—. Mi jefe me trata como a una hija pequeña". "¿De veras?" —dice la amiga—. "Sí —confirma Rosibel—. Nomás dan las 8 de la noche y quiere tenerme en la cama".

UN INDIVIDUO LLEGA a su trabajo en la oficina con un ojo morado. "¿Qué te sucedió?" —quiere saber uno de sus compañeros—. "Fui a una fiesta de disfraces —narra el individuo—. Me tocó bailar con una muchacha que llevaba un vestido con el mapa de México. Cuando estábamos bailando me preguntó de dónde era yo, y lo único que hice fue poner el dedo en el Distrito Federal".

DON ALGÓN, MADURO ejecutivo, confesaba a sus amigos en el club: "Todavía persigo a mi secretaria alrededor del escritorio, pero ahora lo hago muy despacito. Me da miedo alcanzarla".

AQUELLA CASA DE mala nota era algo especial, según descubrieron algunos de los asistentes a la Convención Anual de Gerentes de Supermercados. La dueña del establecimiento los recibió con una copa de champaña, y enseguida les presentó a las chicas del lugar. "Ésta es Hootchie Cootchie —les dijo—. Se especializa en columpio oriental. Sus servicios cuestan 500 dólares. Ésta otra es Jammy Hotlips. Domina todas las técnicas orales, y eso que es muda. Pueden pasar un rato con ella por 600 dólares. Esta de acá es Sadie Massok. No dice que no a nada; hace de todo. Su tarifa es de mil dólares..." Los gerentes de supermercados se veían unos a otros, azorados. Uno de ellos interpretó la inquietud de todos. Preguntó: "Oiga, señora, ¿y no tiene productos genéricos?"

EL PRESUNTUOSO EJECUTIVO de la compañía trataba en vano de seducir a la joven secretaria. Un día le manda un recadito con el *office boy*, escrito en clave. La muchacha ve el papelito, que tenía solamente escritas unas letras: "CPK O CCK". Leyendo esas letras capta el sentido del mensaje. "Me dijo el señor Fernández que si el recado tiene contestación" —pregunta el *office boy*—. "Sí la tiene —responde la muchacha entregándole el recadito—. Dile que lea estas mismas letras, nomás que al revés, de derecha a izquierda".

DON POSEIDÓN, SALAZ ejecutivo, le pregunta a la chica: "¿Usted es la señorita que busca colocación?" "Así es" —responde la muchacha. "Muy bien —dice don Poseidón—. Colóquese".

HUBO UN ASALTO bancario. El asaltante ordenó a todos los que estaban en el banco que se tiraran en el suelo. Le dice en voz baja la secretaria Rosibel a su compañera de oficina: "No te acuestes bocarriba, Susiflor, échate bocabajo. Esto es un asalto, no la posada del banco".

DICE UNA SECRETARIA a otra: "Don Algón, mi jefe, es muy educado. Cada vez que lo saludo me dice: 'A los pies de usted'". "También fue mi jefe —responde con sequedad la otra muchacha—. Ya verás cómo se te irá subiendo".

EL NOVEL REPORTERO escribió en su primera nota: "Una señora denunció a un individuo que en el autobús le tocó las tetas". Al jefe de redacción no le agradó lo explícito de la frase, de modo que llamó al muchacho y le pidió que cambiara el texto. Le indicó: "Cuando te topes con una expresión riesgosa lo que debes hacer es omitirla, y poner en su lugar puntos suspensivos, o paréntesis". El muchacho escribió entonces: "Una señora denunció a un individuo que en el autobús le tocó las (.)(.)…"

EN LA OFICINA el orgulloso papá presumía de los avances de su primogénito. Mi bebé —decía—, tiene apenas nueve meses de edad, y ya dice 'papá'". "Anda —le aconseja uno de sus compañeros dándole una palmadita en la espalda—. No hagas caso. ¡Las criaturas qué saben!"

DON ALGÓN LE hizo una propuesta a la guapa y eficiente chica: "Señorita Rosibel: si le ofreciera yo diez mil pesos a la semana por ser mi secretaria ¿me diría usted que sí?" "Don Algón —responde ella—. Por ese sueldo le diría que sí dos veces por semana".

"¿CUÁNTO PRETENDE USTED ganar?" —le pregunta el ejecutivo a la curvilínea rubia que solicitaba el puesto de secretaria. "Mil quinientos pesos por semana" —responde ella. "Con placer" — acepta el ejecutivo. "Con placer serán dos mil pesos por semana" —aclara la muchacha—.

LE DICE UNA secretaria a otra a propósito de una compañera: "Yo creo que Nalgarina ha de usar calzones espiritistas". "¿Calzones espiritistas? —repite la otra sin entender—. ¿Por qué?" Explica la primera: "Es que cree que tiene unas pompis del otro mundo".

OVONIO

OVONIO, EL HOMBRE más flojo del condado, encontró tirado en la calle un billete de quinientos pesos. Se alejó rápidamente del sitio a fin de no afrontar alguna reclamación. Ya lejos del lugar sintió mucha sed por la carrera. "No te apures, gargantita —dice—. Ahora mismo voy a ir a un buen bar y te voy a quitar la sed con unas cuantas cervezas bien heladas". Tras realizar cumplidamente las ofrecidas libaciones sintió hambre. "No te apures, estomaguito —dice—. Ahora mismo iré a un buen restaurante y te quitaré el hambre con la mejor comida que venga en el menú". Terminado el suculento banquete experimentó una cierta tumefacción en la entrepierna. Hablando en esa dirección exclama muy asombrado: "¿Y tú cómo supiste que traigo dinero?"

OVONIO GRANDBOLIER ERA el hombre más perezoso del condado. Lento de movimientos, tardo, resultaba imposible creer que entre 300 millones de espermatozoides él hubiera sido el más veloz. Pero se daba buena vida. Solía decir: "Al cuerpo lo que pida. Si me pide comida le doy comida; si me pide bebida le doy bebida; si me pide descanso le doy descanso; si me pide mujer le doy mujer". "Oye —le preguntaba alguno—. ¿Y si te pide trabajar?" "¡Ah no! —protestaba Ovonio con mucha dignidad—. ¡Eso ya es mucho pedir!" Cuando se casó se fue de luna de miel a San Francisco, California. La noche de bodas se colocó sobre su flamante mujercita, pero no hizo movimiento alguno. "¿Qué te pasa?" —le preguntó ella, nerviosa—. Respondió Ovonio: "Estoy esperando un terremoto". ¡Hasta los movimientos de *the old in and out* —el modismo pertenece a Burgess— quería ahorrarse el grandísimo haragán!

OVONIO GRANDBOLIER Y su amigo Eggón Pigre eran los hombres más perezosos de la comarca. Entre los dos no completaban en toda su vida un turno de ocho horas de trabajo. Vecino uno del otro, solían sacar sendas mecedoras a la calle, y sentados en ellas se la pasaban viendo el afanoso ir y venir de quienes sí laboraban para ganar el pan. Tan flojos eran aquellos dos harones que ponían sus mecedores espalda con espalda; así cada uno veía hacia un lado de la calle y el otro no tenía que volver la cabeza para mirar en esa dirección. Uno de esos días le dice Ovonio a Eggón: "Viene un forastero en una camioneta". "¿Cómo son una y el otro?" —pregunta Pigre con gran economía de palabras a fin de no esforzarse en hablar más. "Roja —responde Ovonio—. Bien vestido. Llegan". "Pasaron —continúa Eggón, en cuyo ángulo de mirada entró el vehículo—. Se detienen. El hombre camina hacia acá". "Buenos días, señores —saluda el forastero a los dos poltrones haraganes—. ¿No les interesaría trabajar de jardineros?" "No —responde apresuradamente Eggón—. Yo soy segunda base y mi compadre es *short-stop*".

PADRES E HIJOS

EL PADRE DE familia pensó que había llegado el tiempo de revelar a su hijo adolescente ciertos misterios de la vida. Así, lo llama y se encierra con él en la recámara. "Hijo mío —le dice muy solemne—. Tú y yo somos hombres, y los dos sabemos que el hombre no es solamente espíritu, sino que también es cuerpo. Ahora bien: el cuerpo tiene ciertas exigencias, y llega un momento en que esas exigencias son tan grandes que..." El muchacho, que había estado siguiendo la exposición con suspicacia, lo interrumpe y le dice: "No te andes con tantos rodeos, jefe. Háblame con franqueza: ¿quieres que te consiga una muchacha?"

LA MAMÁ, PREOCUPADA porque su hija se iba a estudiar a otra ciudad, la amonestaba con sabios consejos maternales. "Nunca aceptes la invitación de un hombre a ir a su departamento —le dice—. Si lo haces, el individuo apagará la luz, te despojará de tu ropa, se te echará encima y te deshonrará a ti y a toda tu familia". Una semana después de haber llegado a la otra ciudad, la muchacha, muy contenta, llama por teléfono a su mamá. "¡Tenías razón, mami! —le dice alegremente—. Un hombre quiso invitarme a ir a su departamento. Pero yo me le adelanté. ¡Lo invité a ir a mi departamento, apagué la luz, lo despojé de su ropa, me le eché encima y lo deshonré a él y a toda su familia!"

SUBIÓ AL AUTOBÚS una mamá con catorce hijos. Todos encontraron asiento, menos uno, que quedó de pie. Ve la señora a un hombre gordo y corpulento que ocupaba él solo todo un asiento, pues se sentaba muy ancho y despatarrado. Llama la mujer a su hijo y le dice: "Ve con aquel señor y dile que si cierra las piernas podrás sentarte tú". Va el niño y regresa. "Dice el señor que si tú hubieras hecho eso mismo iríamos todos sentados y todavía sobraría lugar".

SABIO CONSEJO DE un señor a su primogénito: "Búscate una esposa. No es justo echarle nada más al gobierno la culpa de todo lo malo que nos pasa".

"AHORA QUE TE vas a casar —dice la señora a su hija—, debes aprender a cocinar muy bien. Recuerda que a los hombres se les tiene contentos por el estómago". "No, mamá —dice la muchacha—. Mi novio tiene aspiraciones más bajas".

EN BUENOS AIRES una muchacha le dice a su papá: "Viejo, me quiero casar". "¿Pero para qué se quiere *usté* casar, pebeta? —dice el señor—. ¿No es feliz aquí?" "Sí lo soy —dice la muchacha—, pero hay que comprender: mi novio Facundo se quiere casar". "Medítelo" —dice el papá—. Y responde la chica: "Ya me lo medí, y me quedó muy bien".

ROSILITA LE PREGUNTA a su mamá: "Mami, ¿qué quiere decir la palabra hipnotismo?" Responde la señora: "El hipnotismo, hijita, consiste en hacer que un hombre caiga en tu poder de modo que pierda completamente su voluntad y te obedezca en todo". El papá de la niña, que oyó aquello, comenta con hosquedad: "Eso no es hipnotismo. Es matrimonio".

"ESTUDIA, HIJO MÍO —aconseja el papá de Pepito a su retoño—. Recuerda que al hombre se le admira por sus sesos". "Y a la mujer por sus ésas" —completa el precoz niño—.

DON GERONTE, SEÑOR de edad madura, llama su hijo y le dice: "Hijo mío: vas a contraer matrimonio el mes entrante. Bueno será que sepas algo que te será de mucha utilidad en la relación conyugal. Se trata del gran servicio que puede prestarte este dedo, el de en- medio, en tu vida de casado. Mira, hijo: cada dedo de la mano corresponde a determinada etapa de la vida, y cada uno expresa algo relativo a esa edad. Tomemos, primero, el dedo llamado gordo, el pulgar. Es el dedo del optimismo juvenil. Alzas un pulgar, o ambos, y eso es señal de bienestar, afirmación de que las cosas van muy bien. El dedo índice, hijo, es el dedo de la realización personal. Lo levantas en alto para decir: 'Soy el número uno', o lo adelantas para impartir tus órdenes: 'Tú, Fulano, haz esto; tú, haz aquello'. El dedo de en medio —ya te lo dije— es el dedo más útil en el matrimonio. Pero de ése te hablaré después. Sigue el dedo anular. En realidad ese dedo no sirve para mucho. Lo usamos solamente para llevar la argolla de casados. Y, finalmente, el meñique. A pesar de ser el más pequeño, ese dedo sirve para mostrar que hemos llegado a la cima del poder y del éxito: al tomar la taza de té o de café erguirás el meñique en gesto de distinción y de elegancia que mostrará tu posición social". "¿Y el dedo del matrimonio, padre?" —pregunta el muchacho ansiosamente—. "Ah —responde el señor—. Es el más importante, y debes aprender a usarlo. Mira: en la noche de bodas le demostrarás una vez tu amor a tu mujer. Dos veces se lo demostrarás, pues eres joven y te poseen las ansias del amor. Ella te pedirá una tercera vez y tú, a fuer de caballero enamorado, esforzarás tu celo en cumplir esa demanda. Pero te pedirá otra vez, la cuarta, y entonces tendrás que echar mano de toda tu energía para estar a la altura de las circunstancias. Ella, encendida en amor, querrá una quinta vez. Tú sacarás fuerzas de flaqueza y a duras penas satisfarás la petición. Pero ella no quedará contenta. Ignorante de que la naturaleza nos pone limitaciones a los hombres te pedirá una sexta vez. Tú ya no podrás atender esa solicitud como atendiste las otras anteriores. Entonces, hijo mío, es cuando interviene el dedo de en medio. Cuando no puedas ya cumplir las demandas de tu señora esposa golpéate varias veces la sien derecha con ese dedo y dile: "¿Estás loca? ¡Métete aquí en la cabeza que no soy una máquina sexual!"

☺

AQUEL SEÑOR, INTELECTUAL, politólogo, analista y líder de opinión, instruía su hija sobre temas sociales y políticos. Le dijo: "Las minorías merecen el mayor respeto". "¡Qué bueno que pienses eso, papi! —responde alegremente la muchacha—. Leí que en este estado el 62 por ciento de las mujeres de 20 años son vírgenes. ¡Y desde anoche yo estoy en la minoría!"

EL JOVEN PICIO era más feo que un coche por abajo. Iba a hacer sus estudios en otra ciudad. Su padre lo llamó aparte y le dijo, solemne: "Hijo mío: vas a ir a la universidad. Ahí hay cantidad de muchachas hermosas y provocativas. Pensando en eso te compré algo en la farmacia". "Ya sé, papá —se anima el joven Picio—. Me compró usted condones". "No —replica el genitor—. Con la cara que tienes no necesitarás condones. Te compré un frasco de píldoras antidepresivas".

AQUELLA SEÑORA SE quejó con su hija, muchacha recién casada: "Tu papá sale de la casa todas las noches, y no puedo cerrar los ojos". Le dice la hija: "No te quejes. Mi marido está en casa todas las noches, y yo no puedo cerrar nada".

PIRULINA LLEGÓ A la casa de su madre. Iba toda golpeada, sangrando de nariz y boca y con los dos ojos morados. "¿Qué te sucedió?" —le pregunta, consternada, su mamá—. "Me golpeó mi marido" —contesta Pirulina entre lágrimas—. "¿Tu marido? —se asusta la señora—. Creí que andaba de viaje". Gime Pirulina: "Yo también pensé lo mismo".

EL ADOLESCENTE LE dice a su papá: "Tengo ya 14 años. ¿No crees que ha llegado el momento de que me hables de sexo?" "Hijo mío —suspira el buen señor—. Tengo 25 años de casado. Todo lo que sabía de sexo ya se me olvidó".

UNA MUJER JOVEN le anunció a su madre: "Me voy a divorciar". "¿Por qué?" —se alarmó la señora—. Explicó la muchacha: "Afrodisio, mi esposo, es insaciable en el renglón de sexo. Me hace el amor a mañana tarde y noche. Y ya estoy resintiendo los efectos de su erotomanía: yo era como una monedita de 10 centavos de dólar, y ahora soy como una moneda de dólar". "Mira —le dice la mamá—. Tu esposo te trata como reina. Vives en una espléndida mansión con piscina, salón de juegos y gimnasio. Cada año tu marido te compra coche nuevo, el más caro y lujoso. Cada tres meses te lleva a París, Roma, Londres o Nueva York a que te compres ropa. Te da 100 mil dólares al mes para tus gastos. ¿¡Y vas a sacrificar todo eso por chinchurrientos 90 centavos de dólar!?

LA MUCHACHA SE presentó un día en su casa con un abrigo de mink. "Me lo saqué en una rifa" —dice—. Poco después llegó con un collar de brillantes. "Me lo saqué en una rifa" —vuelve a decir—. Otro día llegó con un coche, y volvió a sacar el cuento de la rifa. "¡Qué suerte tiene!" —comenta su mamá. "Sí —responde el papá—. Ojalá le dure el boletito".

"¡¿EDUCACIÓN SEXUAL?!" —CLAMA el padre de familia conservador al ver el programa de materias que cursaba en la escuela su hijo adolescente—. ¡Esto es un verdadero escándalo!" Luego, dirigiéndose a su esposa, le ordena: "Llama al muchacho. Dile que quiero hablar con él". Va la señora a buscarlo y lo encuentra en su habitación haciendo el amor con la criadita de la casa. Le dice la señora a su hijo: "Cuando acabes la tarea ve a hablar con tu papá".

LE PREGUNTA UNA señora a otra: "¿Qué hace tu hija?" "Es recluta —responde la mujer—. Trabaja en el cuartel". "La mía también —dice la otra señora bajando la voz—. Pero ella anda en la calle".

ACOMPAÑADO DE SU novia el muchacho pide a su progenitor: "Papá: ¿podrías prestarme el coche para llevar a pasear a Rosilí?" "No —responde terminantemente el señor—. Tú sabes bien que el coche no se te presta entre semana". "Bueno, señor —interviene entonces la muchacha—. Si no le presta el coche, ¿podría permitirnos el uso del garaje un par de horas?"

CON TONO DE gran severidad el padre de familia llama a su hija y le dice: "Rosibel, no me gustó nada la forma en que tu novio te estaba besando en la puerta". "Vamos, papá —responde Rosibel—. Es que todavía no aprende bien, pero tenle paciencia y verás que dentro de algunos días lo hará mucho mejor".

DOÑA HOLOFERNES, MATRONA con mucha ciencia de la vida, amonestaba a sus nietas sobre los riesgos del trato con los hombres. "Si un pelado las invita a tomar copas —les decía—, no acepten". "¿Podríamos acabar tiradas debajo de la mesa, abuela?" —pregunta sonriendo una de las chicas. "No —responde doña Holofernes—. Podrían acabar tiradas debajo del pelado".

UNA TÍA DE Pirulina, que vivía en otra ciudad, tenía algún tiempo de no ver a la muchacha. Con motivo de las vacaciones fue a su casa. En el curso de la conversación le pregunta con una sonrisa: "Y ¿qué?, sobrina. ¿Ya te picó el gusanillo del amor?" "Ningún gusanillo, tía —responde Pirulina bajando la voz—. ¡Si conocieras a mi novio!"

LE DICE EL señor a su hijo: "Sacaste muy buenas calificaciones. De premio mañana te llevaré al circo, luego al box, después a la lucha libre y por último al teatro". "¿Para qué tanto, papi? —replica el niño. Llévame al futbol. Ahí veremos todo lo demás".

DOÑA HOLOFERNES HABLABA de la mala suerte que habían tenido sus tres hijas. "¡Pobrecitas! —decía gemebunda—. ¡A las tres les salieron cornudos los maridos!"

UN SEÑOR, JUDÍO él, tenía un hijo adolescente que le causaba problemas incontables. Todos los medios para volverlo al buen carril habían fallado: los consejos le entraron al muchacho por un oído y le salieron no diré por dónde; se burló de represiones y regaños; dejó de ir a la sinagoga y fue expulsado de la escuela comunal. Desesperado, su progenitor echó mano a un recurso extremo: inscribió a su hijo en un colegio de jesuitas, pues había oído decir que los padres de la Compañía son severos maestros y rigurosos preceptores. Y eso es verdad: pertenecen a las milicias de Loyola, y algo tienen de mílites por tanto. La medida produjo un resultado milagroso: en unos cuantos días el muchacho fue modelo de buen comportamiento. Ni el Hijo Pródigo mostró tal contrición; se volvió ejemplo de aplicación en los estudios; era todo dulzura y humildad, espejo de obediencia y mansedumbre. Su padre estaba maravillado por tan extraordinario cambio. Fue a hablar con el rector del colegio. "¿Cómo hizo usted —le preguntó admirado— para lograr ese prodigio?" El jesuita responde: "Fue algo muy sencillo. Llevé al muchacho a la capilla y lo puse frente al gran Cristo crucificado que está en el muro del altar. Luego le dije: 'Mira: tú eres el segundo judío que llega aquí. Éste fue el primero'".

COMENTABA UN PADRE de familia: "Mi hija está en la edad en que ha empezado a ser mujer sin dejar todavía de ser niña. El otro día me preguntó con qué vino se comen los gansitos".

DOÑA JODONCIA, ESPOSA del pobre Martiriano, le pide a su hijo adolescente: "Te suplico por favor que no me grites ni me digas palabras duras delante de tu padre. Le das un mal ejemplo".

UN SEÑOR VA por la calle con 21 niños, que a coro le gritan: "¡Papá, papá!" "¿Todos son suyos?" —le pregunta asombrada una señora—. "Ninguno —responde él—. Tengo una fábrica de anticonceptivos, y todos estos niños son reclamaciones".

EL PADRE DE familia se espantó cuando oyó a su hijita de 12 años que le decía a su mamá: "El próximo año dejaré de ser virgen". Sintió alivio, sin embargo, cuando oyó que la chiquilla añadía: "Ahora quiero ser el ángel".

EL HIJO ADOLESCENTE le hacía continuas peticiones de dinero a su papá. "Hijo —lo amonesta un día el señor—. En la vida hay cosas mucho más importantes que el dinero". "Ya lo sé, padre —responde el chico—. Pero para que acepten salir contigo necesitas dinero".

LA SEÑORA PLATICABA con su vecina. Le comenta: "Los jóvenes de hoy están muy echados a perder. Mi hija salió anoche con un muchacho, y el muy grosero se puso atrevido". Pregunta la vecina: "Y tu hija, ¿lo puso en su lugar?" "No —responde la señora—. Parece que él mismo se puso ahí sin necesidad de que ella lo ayudara".

CON INAUDITA CÓLERA el severo papá escuchó a su hija decirle que estaba ligeramente embarazada. El autor del desaguisado era el hijo del vecino "¡Infame seductor! —clama el ceñudo padre—. ¡Pero dejaré de llamarme como me llamo si no lo obligo a que te devuelva tu honor!" "Pero, papi —se preocupa la muchacha—. Si lo obligas a que me devuelva mi honor a lo mejor él me pedirá que le devuelva su dinero".

DECÍA EL DUEÑO de una tienda especializada en hobbies: "Los trenecitos eléctricos se parecen a los senos femeninos: se supone que son para los niños, pero son los papás quienes los disfrutan más".

FLORILÍ LES DICE muy compungida a sus papás: "¿Recuerdan que me hablaron de las abejitas y de las florecitas? ¡Pues la abejita ya me dio un piquetito!"

UN FABRICANTE DE ropa tenía más de un año tratando inútilmente de cobrar una cuenta a un comerciante foráneo. Había agotado todos los procedimientos. Al último ya no se le ocurrió otra cosa más que enviarle al comerciante una foto de su hijita de tres años, con una nota que decía: "Por esta criaturita le suplico que me pague". Ese mismo día recibió en su *e-mail* la fotografía de una despampanante chica de 20 años, en bikini. La foto llevaba una nota del comerciante, que decía: "Por esta criaturita no tengo con qué pagarle".

LE DICE DRÁCULA a su hijo Draculita: "Cómete tu sopa, niño, que se te va a coagular".

EL HIJO ADOLESCENTE le dice a su papá, hombre machista: "Padre: tengo un lío de faldas". "¡Ése es *m'ijo*!" —profiere muy orgulloso el machista genitor. "Sí —continúa el hijo ahora con voz aflautada—. No sé cuál de estas dos ponerme".

DRACULÍN, HIJO DEL conde Drácula, le dice a su papá: "Cuando crezca quiero ser recaudador de impuestos". "¡De ninguna manera! —rechaza el genitor—. ¡Nosotros chupamos sangre únicamente en horas de la noche!"

DON AVARICIO REPRENDE con severidad a su bisnieto: "¡Mira nada más cómo traes esos pantalones! ¡Todos rotos del fondillo! Los usó mi abuelo, los usó mi padre, los usé yo, los usó mi hijo, los usó mi nieto ¡y tenías que ser tú el que te los acabaras, muchacho descuidado!"

SEXO

UNA SEÑORA LE pidió a su esposo dinero para comprarse un vestido "soñado" que había visto, rojo, de seda, *strapless*, y con aplicaciones de encaje y de guipur. Al hacer la petición usó zalamerías y lisonjas. Llamó al marido "mi gordito hermoso", "negro santo", "papacito lindo"; lo llenó de adjetivos cariñosos. Él, sin embargo, le negó la suma. Entonces la señora se enojó, y cambió aquellas palabras halagüeñas por rudos y pesados vilipendios. Le dijo al hombre "lameculos", "braguetero", "mollejón", y otros denuestos y baldones que no transcribo aquí porque hoy es día de san Fructuoso, padre de los monjes visigodos, merecedor de todos mis respetos. Divertido, el marido le propuso a su mujer: "Con tus primeras palabras me hiciste sentir bien; con las segundas me indignaste. Si logras decirme algo que al mismo tiempo me agrade y me enfurezca, te daré el dinero". Al día siguiente ella lucía el vestido que tanto había anhelado, rojo, de seda, *strapless*, y con aplicaciones de encaje y de guipur. ¿Qué le dijo aquella señora a su marido, que al mismo tiempo lo halagó y lo hizo indignarse? Le dijo: "Lo tuyo es más grande que lo del compadre, y follas mejor que él".

LA SEÑORA QUERÍA una casa más grande. Le dice su marido, burlón: "Pinta los cuartos de amarillo. He oído que pintadas de ese color las cosas se ven mucho más grandes". Esa misma noche la señora entró en la alcoba con un bote de pintura amarilla y una brocha. Le dice a su marido al tiempo que le pintaba la entrepierna: "Vamos a ver si lo que me dijiste es cierto".

"SOY EL GINECÓLOGO de su esposa. Llamo para decirle que la estoy revisando, y no me gusta nada su aspecto". "Bueno, doctor, el lado que le está usted viendo no es su mejor ángulo".

UNA DAMA LLEGÓ a un centro de consultorios médicos y preguntó a la encargada de la recepción si había entre los doctores algún ginecólogo psiquiatra. "¿Ginecólogo psiquiatra? —se asombró la muchacha—. No creo que exista esa especialidad, señora. ¿Por qué necesita usted un ginecólogo psiquiatra?". Responde la mujer: "Porque cada vez que me tocan aquellito me vuelvo loca".

AQUELLA CHICA TENÍA tanta actividad sexual que cada una de sus rodillas creía que era la única.

EL JOVEN Y guapo conferencista hablaba ante un público formado exclusivamente por mujeres. El tema versaba sobre las características de los dos sexos. "Entre el hombre y la mujer —decía el apuesto disertante— hay una enorme diferencia". Y gritan a coro las señoras: "¡A verla, a verla!"

POR ORDEN DEL príncipe el primer ministro del reino iba casa por casa. Buscaba a una doncella que había escapado a toda carrera del palacio al sonar las doce campanadas de la medianoche. Sobre un cojín de terciopelo rojo llevaba el primer ministro un brasier 36D. Una señora lo ve pasar y le pregunta a su vecina: "¿Qué sucede?". "No estoy segura —responde ésta—. Parece que se trata de una nueva versión de *La Cenicienta*".

P: QUIÉN TIENE la mejor y más moderna tecnología: ¿el hombre o la mujer?"
R: La mujer. ¿Por qué? Porque es digital. El hombre, en cambio, es manual.

PILOTOS

Dos PILOTOS DE línea comercial perdieron la vida en el mismo accidente, y se vieron en la presencia de san Pedro. El apóstol, tras revisar sus expedientes, les comunicó: "Veo aquí que ambos llevaron una vida licenciosa, de disipación, libertinaje y crápula. No pueden entrar, pues, en el Cielo. Su destino fatal es el Infierno". (Nota: escribo también Infierno con mayúscula por razones de equidad, y para evitar reclamaciones. *N. del A.*). Se dirigieron los dos pilotos al averno, pues, y luego de una espera más larga que las que ellos imponían a sus pasajeros fueron al fin recibidos por Satán. Igual que hizo el apóstol, revisó el diablo los palmarés de los pilotos, y les dijo: "Al parecer no se portaron ustedes tan del todo mal. Leo aquí que tienen derecho a escoger uno de los tres castigos que les mostraré". Los condujo a lo más hondo del averno, y les mostró el primer tormento. En una oscura sala una caterva de demonios punzaban con agudísimos tridentes las carnes de los pilotos que ahí estaban. Al sentir aquella cruel tortura los infelices lanzaban terribles ayes de dolor. "Éste no" —dijeron al unísono los recién llegados—. Satanás les enseñó el segundo tormento. En otro salón igualmente lóbrego una legión de diablos iracundos arrojaban peroles con plomo derretido a los pilotos que estaban condenados a pasar la eternidad ahí. Los desdichados prorrumpían en espantosos ululatos al recibir el igniscente líquido. "Aquí tampoco" —exclamaron con temblorosa voz los aviadores—. Siguieron el camino, y pasaron frente a una sala llena de luces de neón y música de rock. En ese lugar un grupo de lindas chicas uniformadas hacían el amor con los pilotos que se encontraban ahí, y los halagaban con toda suerte de prácticas eróticas. "¡Aquí queremos estar!" —exclamaron, al unísono otra vez, los dos pilotos—. "Lo siento mucho —les dice Satanás—. Ése es el infierno de las aeromozas".

☺

131

AQUELLA JOVEN AEROMOZA se había especializado en pilotos de jet. Tenía hasta luces de aterrizaje en el estómago.

POLICÍAS

EL POLICÍA DETUVO a un sujeto que caminaba desnudo por la playa. "¿No le da vergüenza andar así? —le pregunta con severidad—. ¿Acaso no tiene familia?" "Sí tengo —responde el individuo—. Soy padre de 15 hijos". Interviene un paseante. "Entonces no hay razón para que lo detenga, oficial —dice al policía—. El señor anda en ropa de trabajo".

DON LEOVIGILDO Y su mujer hacían un viaje en automóvil. Ella iba manejando, y era bastante dura de oído. Los detuvo un oficial de tránsito, y le pidió a la conductora sus papeles. Le pregunta la señora a su marido: "¿Qué dice? ¿Qué dice?" Le indica en voz alta don Leovigildo: "¡Quiere que le muestres tus papeles!" Ella entrega sus documentos. Los mira el patrullero y dice con sorna: "¡Ah! Es usted de Kakópolis. En esa ciudad vive la mujer más frígida, más sosa, más aburrida y más mala para hacer el amor que he conocido en toda mi vida". Le pregunta otra vez la señora a su marido: "¿Qué dice? ¿Qué dice?" Contesta don Leovigildo: "Dice que te conoce".

EL SEÑOR SE pasó un alto y lo detuvo un agente de tránsito. Le dijo que le iba a recoger su licencia, su tarjeta de circulación y las dos placas del coche. "¿No habrá alguna otra manera de arreglar esto?" —pregunta el conductor—. "Está bien —se deja convencer el agente—. Déme 100 pesos para los refrescos". El señor se busca en los bolsillos y dice al tipo: "No traigo más que este billete de doscientos. "Démelo —le dice el agente tomando el billete—, y pásese también el siguiente alto".

UNA VIEJITA IBA manejando su automóvil. La detuvo un oficial de tránsito. "Se pasó usted el semáforo en ámbar —la amonesta—. Tendrá que entregarme su licencia, su tarjeta de circulación, la factura de su vehículo, la póliza de seguro, la constancia del pago de su impuesto por tenencia y uso de automóvil, su copia de verificación vehicular, y sus actas de nacimiento, matrimonio y defunción. Si no me entrega usted esos papeles vendrá la grúa a llevarse su coche al corralón; pagará una multa de 900 mil pesos, será condenada a pena de prisión, y tendrá que leer las obras completas de don Vicente Lombardo Toledano". Temblorosa, pregunta la ancianita: "¿No hay alguna otra forma de arreglar esto?" "Sí —responde ceñudo, y sañudo, el oficial—. Puede darme una mordida". "Perdone usted, señor gendarme —responde muy apenada la vejuca—. No me puse las placas dentales. Pero si quiere puedo darle una chupadita".

EL TIPO AQUEL llegó presuroso con el gendarme de la esquina y le preguntó agitado: "¿Vio usted pasar corriendo a un individuo lleno de sangre, con una herida grande en la mejilla, una cortada en el cuello, una oreja seccionada por completo y la otra partida a la mitad?" "No lo vi —se alarma el guardián del orden público—. ¿Qué sucedió?" Responde muy enojado el otro: "¡El maldito salió corriendo de mi peluquería sin pagarme la afeitada!"

ESTOS ERAN TRES jefes policiacos: un norteamericano, un alemán y un mexicano. Discutían sobre cuál de los tres tenía los hombres más valientes. "Mis elementos son los más valerosos de este mundo —afirma el estadounidense con jactancia—. Y se los voy a demostrar". Así diciendo llama a uno de sus policías. "¡Rampo! —le ordena con energía—. ¡Tírese usted por la ventana! ¡Al fin no estamos tan arriba! ¡Es sólo el piso treinta y cinco!" Sin vacilar un punto el agente se lanza por la más próxima ventana. "Eso no es nada —dice con despectivo acento el policía germano—. ¡Karadedog!" Un fornido policía teutón acude a la orden. "¡Quiero demostrarles a mis amigos la excelencia de nuestras pistolas! —ruge el oficial—. ¡Dispárese usted una bala en el pecho para que vean el enorme agujero que hacen nuestros proyectiles!" No duda ni un instante el policía alemán: toma su pistola, apoya el cañón en la región cordial y se dispara. El jefe mexicano esboza una sonrisilla desdeñosa. "Eso no es nada —dice—. Ahora van a ver el valor de un policía mexicano". Se vuelve hacia uno de sus hombres y lo llama. "¡Agente Gurrumino!" "¿Qué onda?" —pregunta con displicencia el policía desde su lugar—. "¡Venga usted acá!" —ordena el jefe—. Responde el tipejo sin moverse: "Venga *usté* si quiere". "¿Lo ven? —se dirige orgullosamente el jefe mexicano a sus colegas—. ¡Esos son güevos!"

UN HOMBRE DE apellido Pitorreal fue llevado ante el juez. "Se le acusa —dice su señoría— de haber saciado sus lúbricos instintos de libídine en 15 mujeres, una después de otra y sin interrupción. ¿Es eso cierto?" "Sí, señor juez —reconoce humildemente Pitorreal—. Lo hice en un momento de debilidad".

DIGA, SEÑOR —DICE al policía de la esquina la guapa, voluptuosa morenaza—. Aquel hombre que está allá me ha venido siguiendo, y cada vez que puede me hace objeto de libidinosos tocamientos y pellizcos de salaz lujuria. ¿No va a hacer usted nada?" "A mí también me gustaría, señorita —responde muy triste el policía— pero desgraciadamente en este momento estoy de servicio".

UGLILIA, MUJER POCO agraciada, le avisa a un policía: "Señor gendarme: un borracho me viene siguiendo". La ve el policía y razona: "Ha de estar muy borracho".

EN LA ALAMEDA de la Ciudad de México un turista norteamericano le dice con angustia a un policía: "Yo haber perdido a mi esposa. Por favor, ayudarme a buscarla". "Claro que sí, *mister* —responde el gendarme—. ¿Cómo es su señora?" Describe el visitante: "Ella ser gorda, de pelos amarillos, tener cara colorada, pecosa, andar despeinada, usar anteojos gruesos y faltarle dos dientes". "Ahora mismo la vamos a buscar —ofrece el mexicano—. Pero, si no es indiscreción, *mister*: ¿por qué la quiere hallar?"

UN INDIVIDUO FUE llevado a la presencia de un rudo dictador. "Señor —le informa al déspota el jefe de la policía—. Este hombre vio desnuda a la esposa de usted". "Sáquenle los ojos" —decreta el tirano—. "También le hizo una caricia". "Córtenle la mano" —ordena el opresor—. "Y también —concluye el jenízaro con vacilante voz— le hizo el amor. ¿Le cortamos la esta?" "No —sentencia el tirano—. Nada más no le den penicilina. Solita se le va a caer".

POLÍTICOS

HUBO UNA REUNIÓN de expresidentes de países latinoamericanos en un barco que haría un crucero por el Golfo de México. Por desgracia a la mitad del viaje el barco naufragó y dos expresidentes mexicanos se vieron en una isla desierta. De inmediato uno de ellos procedió a redactar un mensaje para solicitar auxilio. Pondrían el mensaje en una botella y lo confiarían al mar. Tras escribir el mensaje lo leyó a su compañero: "Estamos en una isla. Favor de venir a rescatarnos. Polibio Loperena y Salustiano Godínez". "Oye —se sorprendió el otro expresidente—, ¿por qué firmas con esos nombres?" "¡Uh! —responde el otro—. ¿Tú crees que si firmamos con nuestros verdaderos nombres alguien vendrá a rescatarnos?"

NO PODÍA DORMIR el presidente. Se despertó en el medio de la noche y le fue imposible volver a conciliar el sueño. Lo mismo le pasaba desde hacía tres semanas. Pensó: "¿Qué ya ni el sueño puedo conciliar?" La cabeza en la almohada, las manos cruzadas sobre el pecho, los ojos fijos en las sombras que venían de la ventana, se aplicó a darle vueltas y vueltas a sus pensamientos. ¡Cuántos problemas! Todo había sucedido tan de prisa, y ahora todo parecía marchar tan lentamente. En la oscuridad que lo rodeaba y en la tardanza del amanecer creyó mirar la imagen del país que se vio llamado a gobernar. De pronto... ¿Qué era aquello? Se enderezó en el lecho. No había duda: las sombras de la ventana se movían, iban cobrando forma, y tomaron cuerpo de repente a la mitad de la habitación. No lo podía creer. ¿Acaso los cuentos eran ciertos? Delante de él se hallaba un genio, uno de esos extraños seres de los relatos orientales. Habló el proceroso personaje y dijo con voz grave: "Aquí me tienes, amo. Sin esperar tu llamamiento vine a ti, pues sé que afrontas dificultades graves. Puedo concederte un deseo. El que quieras. Habla, di". "¿Un deseo nomás? —preguntó el presidente—. Entiendo que se conceden tres". "Eso era antes —respondió el genio—. Ahora, con la crisis... Uno solo te puedo conceder. Por eso debes pensar muy bien tu petición". Muy largo rato meditó el presidente, y luego dijo al genio. "Escucha: quiero que le devuelvas la vida a un gran amigo y compañero que murió, el hombre que me dio su confianza y su amistad. Que viva de nuevo; tal es mi deseo". El genio meneó la cabeza tristemente. "Pediste mal —habló—. La vida y la muerte están en manos de alguien infinitamente más grande que yo, y más poderoso. Pide otra cosa, lo que sea, pero la vida yo no la puedo dar". Se puso a pensar otra vez el presidente. "Entonces —dijo después de su cavilación—, si mi primer deseo es imposible te voy a pedir otro". "¿Cuál es?" —preguntó el genio—. Y contestó el presidente: "Resuelve el problema de nuestra crisis económica". "Ya hablaste, amo —aceptó el genio con una reverencia—. Tu deseo será cumplido. Me enteraré del alcance de esa crisis y buscaré su solución". Así diciendo salió por la ventana y se perdió en el aire... Pasó un día; pasaron dos y tres; transcurrió una semana, y el genio no volvía. Regresó al cabo de un mes. Venía pálido, agotado, con grandes ojeras y expresión de angustia. Se acerca al presidente y le pregunta con voz débil: "¿Cómo dijiste que se llama ese amigo tuyo que hay que resucitar?"

UN POLÍTICO INVITÓ a otro a cenar en su casa. Los dos recelaban el uno del otro. Al terminar la cena el anfitrión se disculpó, y se levantó de la mesa. Poco después se escuchó un ruido inconfundible: el dueño de la casa había ido al baño, y estaba desahogando una necesidad menor. Pero había olvidado cerrar la puerta, y aquello se alcanzaba a oír con toda claridad. La esposa, apenada, le dice al visitante: "Perdone usted. Voy a cerrar la puerta". "No se preocupe —la tranquiliza el otro—. Por primera vez sé con seguridad lo que su marido trae entre manos".

EL SECRETARIO PARTICULAR del presidente de cierta nación de América del Sur le dice al mandatario: "Señor: en la antesala esperan el embajador de Estados Unidos y el nuncio de su Santidad el Papa.

¿A quién hago pasar primero?" "Al nuncio —responde sin vacilar el presidente—. A él lo único que le tengo que besar es el anillo".

EL SEÑOR CURA del pueblo llama al presidente municipal: "Señor alcalde —le dice—, hay un burro muerto tirado enfrente de la iglesia". "Vaya, vaya —dice el alcalde con ironía—, pensé que ustedes los curas tienen obligación de enterrar a los muertos". "Sí —responde el sacerdote—, pero primero debemos avisar a los familiares".

DOS HIJOS DE líderes estaban platicando. "Ahora que cumplí años —dice uno muy perfumado— mi papá me regaló una colonia". "¡Bah! —se burla el otro—. Una colonia cualquiera la regala". "¿La de los Burócratas?" —pregunta el otro con aire de inocencia—.

LA COMUNIDAD DE luchadores por los derechos humanos organizó una recepción en honor de Erga Stula, famoso intelectual que había sufrido prisión en su país a causa de sus ideas políticas. En la fiesta le dice una curvilínea chica: "Yo también fui prisionera política". "¿De veras? —se interesa Stula. "Sí —confirma ella—. Un diputado federal me llevó a Cuernavaca, y no me dejó salir del cuarto en todo el fin de semana".

LA TÍA DE Pepito era diputada. Practicante de yoga, se quejaba de traer siempre los pies fríos. "No sé qué me pasa —relataba—. Cuando me paro de cabeza la sangre se me va a la cabeza, pero cuando estoy de pie la sangre no se me va a los pies". Dice Pepito: "Es que tus pies no están vacíos, tía".

CIERTA DIRIGENTE POLÍTICA manifestaba en un discurso su preocupación por la falta de cohesión en su partido. "Debemos evitar a toda costa —decía— la dispersión de las masas". "Ella misma debe poner el ejemplo —le dice una de sus compañeras en voz baja a su vecina de asiento—. Que se ponga faja".

UN POLÍTICO MEXICANO viajó a Estados Unidos, y fue recibido allá por un colega suyo, norteamericano, que lo llevó a su casa. El mexicano se asombró: su colega estadounidense vivía en una espléndida mansión, con alberca, vasto jardín, sala de juegos y otras comodidades. Le pregunta. "¿De dónde salió para todo esto?" El político americano lo lleva a la ventana. Le dice: "¿Ves esa carretera?" El mexicano se asoma y ve una espléndida carretera de 16 carriles, pasos elevados, puentes, etcétera. Responde: "Sí la veo". Le dice el norteamericano, satisfecho, dándose golpecitos en el bolsillo de su pantalón: "Pues el 10 por ciento se vino para acá". Pasan algunos meses, y el político mexicano invita a su colega de Estados Unidos a visitarlo en México. Lo lleva a su casa. El norteamericano por poco se cae de espaldas: su colega mexicano vivía en una residencia palaciega que no sólo tenía alberca, jardín y sala de juegos, sino también campo de golf, bosque privado y helipuerto. Le pregunta, boquiabierto: "¿De dónde salió para todo esto?" El mexicano lo lleva a la ventana. Le pregunta: "¿Ves esa carretera?" Se asoma el visitante, vuelve la vista a todos lados y luego contesta, desconcertado: "No veo nada". Le dice entonces el mexicano muy orgulloso: "Pues el 100 por ciento se vino para acá".

CIERTO DÍA SE encontraron una serpiente y un conejo. Su encuentro fue debido a la casualidad, ya que los dos animales eran ciegos. Se tropezaron fortuitamente el uno con el otro sin saber ninguno de los dos con quién se había topado. La serpiente procede a hacer una inspección del conejito. Conforme lo examina va diciendo: "Tibio, pelo suave, dos dientes prominentes, colita de borla, orejas largas…" Y concluye la serpiente: "¡Eres un conejo!" A su vez el conejito, ciego también, procede a hacer un examen similar de la serpiente. Palpando al reptil comienza a decir: "Frío, arrastrado, largo, tortuoso, lengua doble, veneno..." Y concluye triunfal: "¡Eres un político!"

CIERTO POLÍTICO ASISTIÓ a una convención nacional de su partido. En el bar del hotel entabló conversación con una linda chica, y luego pasó con ella un rato muy agradable en su habitación. Al terminar el trance el político le preguntó a la muchacha cuánto le debía por sus servicios. Ella mencionó una cantidad tan pequeña que el hombre se sorprendió bastante. "¿Eso cobras, linda? —le dijo con asombro—. Realmente es muy poco. ¿De dónde sacas entonces para pagar vestidos tan caros como ese que traes, y joyas tan espléndidas como las que luces?" "Bueno —responde la chica sonriendo modestamente al tiempo que recogía una pequeña cámara de video que había tenido oculta—. Aparte de mi trabajo también me dedico a chantajear un poco.

POMPAS FÚNEBRES

EL EMPRESARIO DE pompas fúnebres de un pequeño pueblo envió a su hijo a la ciudad a fin de que aprendiera todo lo relativo al ramo practicando en la reconocida funeraria de don Necróforo Zacateca, el sepulturero de mayor fama y tradición en esa parte del país. Seis meses permaneció el muchacho como aprendiz del célebre maestro. Al terminar el pupilaje regresó a su casa. "¿Qué? —le pregunta su papá—. ¿Aprendiste mucho con mi amigo Zacateca?" "Bastante —responde el estudiante—. Don Necróforo tiene mucha categoría. Todo lo hace con mucha categoría, mucha clase". "Ponme un ejemplo" —pide el padre—. "Bueno —empieza a relatar el muchacho—. El primer día que estuve con don Necróforo recibió una llamada del Hotel Ele, el de más categoría en la ciudad. El gerente le dijo que un hombre y una mujer habían muerto en su habitación, y le pidió que se hiciera cargo de los cuerpos". "¡Qué compromiso! —exclama el papá del muchacho—. Y ¿qué hizo don Necróforo?" "Se puso un elegante frac —cuenta el recién llegado—; tomó su fino bastón con puño de oro y me hizo que lo llevara en la limusina de la funeraria hasta el hotel. Llegamos, y le pidió al gerente la llave maestra de los cuartos. Entramos en la habitación de la pareja. Efectivamente: ahí estaban el hombre y la mujer, tendidos en la cama, de espaldas y desnudos". "¡Qué compromiso! —vuelve a exclamar el papá, cuyo catálogo de exclamaciones era más bien corto—. Y ¿qué sucedió?" "No lo vas a creer —responde el chico—. El hombre que ahí yacía mostraba una erección bien visible. En esas circunstancias era imposible sacarlo de ahí, pues aun envuelto en la sábana aquel levantamiento se habría notado". "¡Qué compromiso! —volvió a decir el señor—. Y ante esa delicada situación ¿qué hizo mi amigo don Necróforo?" "No perdió la calma —contesta el joven aprendiz—. Tomó su fino bastón con puño de oro y le dio un gran golpe al cuerpo en esa parte para bajarle la tumefacción". "¡Qué compromiso! —se maravilló el padre—. Digo, ¡qué admirable! Y ¿qué sucedió luego?" Dice el muchacho: "Se hizo

142

un escándalo de todos los demonios. Nos habíamos equivocado de cuarto".

DON ULTIMIO FUE a pasar unos días en la playa. Ahí, por desgracia, sufrió un síncope, y el pobre chupó Faros. (Mis cuatro lectores me informan que la expresión "chupó Faros", eufemismo usado para no decir "se murió", proviene de los fusilados en la Revolución, a quienes antes de morir se les concedía la gracia de fumarse un cigarrito de esa popular marca. Por cierto, a uno de esos condenados le dijo en su celda el general: "Te íbamos a fusilar a las 6 de la mañana, pero te concederemos una hora de gracia". "¡Fantástico, mi general! —se alegra el reo—. ¡Que pase Gracia!" *N. del A.*). Murió, pues, don Ultimio cuando estaba gozando de sus vacaciones, y un empresario de pompas fúnebres se encargó de arreglarlo para el funeral. Le puso traje y corbata; lo maquilló muy bien. Cuando llegó la esposa de don Ultimio vio a su marido en el ataúd y dijo muy emocionada: "¡Qué bien se ve! ¡Unos días en la playa hacen milagros!"

SONÓ EL TELÉFONO en la funeraria y levantó la bocina la encargada. Le pregunta una voz de hombre: "¿Usted es la de las pompas fúnebres?" "Sí" —responde la mujer—. Pregunta otra vez el que llamaba: "¿No quiere que vaya a alegrárselas?"

UN SEÑOR LLAMÓ por teléfono a la funeraria, y por equivocación marcó el número telefónico de Pirulina. Contesta ella: "¿Aló?" Pregunta el señor: "¿Usted es la de las pompas fúnebres?" "¡Uy, no! —exclama ella—. ¡Las tengo bien alegres!"

CAPRONIO, SUJETO RUIN y desconsiderado, tenía a su cargo una agencia funeraria. Llegó una ancianita a recoger las cenizas de su esposo, cuyos restos habían sido incinerados un día antes. Le pregunta Capronio a la ancianita: "¿Qué edad tenía su marido, mi estimada?" Responde la viejita: "Tenía 98 años. Era un año mayor que yo". "¡Uh! —exclama Capronio—. ¡Entonces casi ni vale ya la pena que se regrese *usté* a su casa!"

PREDICADORES

EL FAMOSO PREDICADOR iba a llegar al pueblo. El rico del lugar ansiaba tener la ocasión de estar cerca de aquel hombre, de modo que mandó a su chofer a comprar el asiento más caro, numerado. Volvió el chofer y dijo al ricachón: "No hay asientos numerados. La entrada es libre y gratuita para todos". El ricachón entonces se compró un traje carísimo, zapatos nuevos, y con ocho horas de anticipación se dirigió al recinto donde predicaría el orador. Tan temprano llegó que pudo ocupar un asiento de primera fila. Le molestó ver que en la misma fila, seis o siete butacas más allá, se había acomodado un vagabundo vestido con harapos, maloliente y sucio. Cuando hizo su aparición el orador se puso en pie el ricachón a fin de que el predicador lo viera. Pero el hombre ni siquiera lo notó: fue hacia el vagabundo, se inclinó sobre él y le dijo unas palabras al oído. Aquello dejó estupefacto al ricachón. ¡El predicador tenía opción preferencial por los pobres! Cuando el piadoso varón volvió a su sitio el rico fue hacia el miserable y le propuso: "Te cambio mi traje nuevo por tus andrajos. Además te daré 500 pesos". El vagabundo aceptó, y en el baño cambiaron de ropa. Vestido con los sucios harapos el rico tornó a su lugar. Entonces sí lo vio el predicador. Bajó de la tribuna, fue hacia él y se inclinó para decirle estas palabras al oído: "Cochino apestoso, ¿no te dije que te fueras a la ingada?"

LLEGA CONSTERNADO UN feligrés y anuncia agitadamente al predicador: "¡Reverendo! ¿Ya supo lo que hizo Maldicio Sevíciez? ¡Andando borracho y drogado estranguló a su mujer, se robó todo el dinero de la sociedad de padres y se fugó con la esposa de su mejor amigo!" "¡Santo cielo! —exclama desolado el reverendo—. ¿Y ahora quién les va a dar a los niños la clase dominical de Biblia?"

EL PREDICADOR LLEGADO de Alemania le dice en la cama a la robusta campesina que mostraba algunos escrúpulos finales: "Tu marido te dio permiso de tener un pastor alemán. Esto no es sino una interpretación de esa licencia".

SEXO

POMPANA Y BUSTOLINA, mujeres jóvenes dueñas de ubérrimos encantos, decidieron hacerse exploradoras. Dos semanas llevaban en lo más profundo de la jungla africana cuando cayeron en manos de una tribu de antropófagos. Amaneció el siguiente día, y exclama Pompana con un suspiro de alivio: "¡Caramba! ¡De plano creí que estos salvajes nos iban a comer!" "Yo también —dice Bustolina ya tranquila—. Pero nos salvamos por una letra".

UNA HERMOSA JOVEN se presentó en las puertas de la morada celestial y le pidió a san Pedro que la dejara entrar. Le respondió el portero: "Te admitiré si pruebas, mediante examen pericial, que has conservado tu virginidad". La recién llegada aceptó someterse a esa prueba, y el apóstol de las llaves le pidió a un ángel médico que procediera a hacer el reconocimiento respectivo. Tras realizar la auscultación dictaminó el perito: "Esta joven mujer es integérrima doncella. Presenta intacto el himen. Muestra, sin embargo —y es mi deber decirlo—, siete ligeros rasponcitos en la membrana de la virginidad". Dijo san Pedro: "No creo que esa circunstancia, por más que sea extraña, constituya impedimento u óbice para otorgarle la admisión". Tomó su libro de registro, le pidió al ángel una pluma, y preguntó a la hermosa joven: "¿Cuál es tu nombre?" Respondió ella: "Blanca Nieves".

PEPITO ANDABA BUSCANDO algo en los cajones de una cómoda cuando sin querer se encuentra un disfraz de Santa Claus. Va con su papá y le dice muy serio: "Papá: lo sé todo". El señor voltea nerviosamente a ver a la guapa mucama y dice luego a Pepito: "Ten cien pesos y no digas nada". Pepito va con su mamá: "Mamá —le dice— lo sé todo". La señora se pone más nerviosa aún. "No se lo digas a nadie, Pepito, y cómprate algo con estos cien pesos". Llega el lechero: "Señor —le dice Pepito— lo sé todo". "¡Hijo mío!" —exclama el lechero abrazándolo muy conmovido—.

LA SEÑORITA PERIPALDA, catequista, le preguntó a una niña: "Dime, Rosilita: ¿sabes qué es un falso testimonio?". "No estoy segura, señorita —respondió la pequeña—, pero creo que es eso que se les levanta a los hombres".

TERMINADO EL TRANCE de amor le pregunta Simpliciano a Rosibel: "¿Fue tu primera vez?" "¿Cómo que fue? —pregunta ella muy molesta—. ¿Qué ya acabaste?"

LOS PERSONAJES DE este cuento son, por orden de aparición en escena: don Glebario, rico hacendado del Bajío; doña Eglogia, su mujer, dama rural proclive a los soponcios, y Pisto, conocido también como el Juellero, caporal afamado por su pericia en seguir huellas. No tienen presencia en el relato, pero son sus protagonistas verdaderos: Florilita —hija de don Glebario y doña Eglogia—, linda muchacha en edad núbil, y el Mamertón, ranchero joven, muy guapo y bien plantado. Está don Glebario en su despacho cuando entra desmelenada doña Eglogia. "¡Marido! —clama con desesperación—. ¡Florilita no está en su cama! ¡Ya la busqué por todas partes y no la hallo! ¡Seguramente escapó con ese pelado, el Mamertón, con el que se encaprichó a pesar de que le prohibimos tener trato con él por la diferencia social que los separa! ¡La armonía en el hogar depende de la semejanza de caracteres de los cónyuges! ¡Bien demostrado está que la disparidad en los gustos, costumbres y opiniones conduce primero a un desabrimiento en el trato cotidiano, luego a un paulatino alejamiento y por último a dolorosos dramas íntimos que no sólo se reflejan en el cálido seno familiar sino también en el cuerpo de la sociedad y aun en el sano equilibrio que debe prevalecer en toda República ordenada!" Tras proferir ese angustiado grito doña Eglogia se acerca convenientemente a un diván y cae sobre él privada de sentido. "¡Me lleva la...!" —bufa el hacendado—. Sale de su despacho y ordena furibundo: "¡Que venga inmediatamente el Pisto!" Llamado con premura por los criados se presenta el caporal. Le dice don Glebario: "La Florilita se ha fugado con el Mamertón. Tenemos que encontrarlos antes de que suceda lo irreparable". Reúne el caporal una cuadrilla de rancheros; todos montan en sus caballos y salen al galope en busca de los fugitivos. A corta distancia de la hacienda Pisto, el Juellero, hace que se detenga el grupo. Sus ojos de lince han descubierto las primeras huellas de los amantes perseguidos. "Por aquí se fueron, amo —le informa a don Glebario—. Mire: estos son los piecitos de la Florilita y éstas las patotas del Mamertón". "¡Me lleva la...! —maldice el hacendado—. ¡Vamos!" Poco después se detiene otra vez la cuadrilla en obediencia a un nuevo ademán de Pisto. "Por aquí pasaron, patrón —indica el Juellero—. Mire: estos son los piecitos de la Rosilita y éstas las patotas del Mamertón". Sigue la cabalgata y los jinetes llegan al río. Bajo la espesa fronda de los árboles se tendían, igual que muelle lecho, las finas arenas de la orilla. Examina las huellas Pisto y decreta luego con acento dramático: "No tiene caso seguirlos buscando, amo. Ya sucedió lo irreparable". "¡Me lleva la...! —exclama don Glebario, quien gozaba de fama en todas partes por su vasto catálogo de interjecciones—. ¿Cómo sabes que ya sucedió lo inevitable?" "Mire, patrón —apunta el Juellero, señalando unas marcas en la arena—. Éstas son las pomponotas de la Florilita y éstas las rodillitas del Mamertón".

TERMINÓ EL ACTO del amor, y ella encendió un cigarro. Le dice él: "Ahora me explico por qué tienes las bubis tan pequeñas. Está comprobado que la nicotina inhibe el crecimiento del busto femenino". Le pregunta ella: "¿Tú no fumas?". Replica él con voz firme: "Jamás me he llevado a la boca un cigarrillo". Le dice la muchacha al tiempo que le señalaba la entrepierna: "Y entonces, ¿cuál es tu excusa?"

TERMINADO EL PRIMER trance de apasionado amor el novio sintió deseos de ir al pipisrúm. Inclinándose sobre su flamante mujercita le dice con voz dulce: "¿Me permites un segundo, mi amor?" Responde ella extasiada: "¡Y un tercero, y un cuarto, y un quinto! ¡Todos los que quieras, vida mía!"

PREGUNTAS Y RESPUESTAS

P. ¿POR QUÉ el sacerdote maya Ne-Chachak tenía fama de inteligente?
R. Se quedaba con las doncellas y el oro, y a los dioses del cenote les echaba galletitas.

P. ¿POR QUÉ los cocuyos batallan tanto con las cocuyitas?
R. Ellas nunca quieren con la luz encendida.

P. ¿POR QUÉ Pepito le llevó una sandía a la maestra?
R. El día anterior le llevó una manzana, y ella le dio un beso.

P. ¿SABES CUÁL es el mejor anticonceptivo oral?
R. No
R. Ése

P. ¿POR QUÉ a la novia le temblaban las piernas?
R. Porque dentro de poco se iban a separar.

P. ¿QUÉ DIJO el contratista que hizo la Torre de Pisa?
R. "Me robé material de la cimentación, pero estoy seguro de que nadie se va a dar cuenta nunca".

P. ¿QUÉ LE dijo Tarzán a Jane, cuando ésta se negaba a abrirle la puerta porque había llegado en la madrugada?
R. "Si no me abres me voy a una casa de chitas".

P. ¿POR QUÉ la señora que tuvo su primer bebé no le puso al niño el nombre del papá?
R. Porque su marido insistió en que se llamara como él.

P. ¿POR QUÉ México va a ser un paraíso terrenal?
R. Porque al paso que vamos dentro de poco todos vamos a andar como Adán y Eva: encuerados.

P. ¿QUÉ DIJO el predicador cuando por error fue a una casa de mala nota en vez de ir a un hotel?
R. "El cuarto no era muy bueno, ¡pero qué servicio!"

P. ¿POR QUÉ a aquella muchacha le decían la Troyana?
R. Porque le abría la puerta al primer desconocido que le hacía un regalo.

P. ¿QUÉ DIJO Groucho Marx cuando su hijo no fue aceptado en un club de natación por ser él judío?
R. "Su madre es cristiana. De perdida déjenlo que se meta en la alberca hasta el ombligo".

P. ¿QUÉ LE contestó el borrachín a su señora cuando ésta le dijo: "Has de haber perdido la raya"?

R. Se descubrió la parte de atrás y le contestó: "No, viejita. Mira, todavía la traigo".

P. ¿POR QUÉ Babalucas pensó que su mujer era muy tonta?
R. Porque iba a tener un hijo, e ignoraba que hacía tres años Babalucas se había hecho la vasectomía.

P. ¿POR QUÉ hay que sospechar de la veracidad de los chinos?
R. Porque son 1,200 millones y dicen que su deporte preferido es el ping-pong.

P.¿QUÉ HIZO don Wormilio cuando encontró a su mujer con un hombre muy alto?
R. Nada. Se va a esperar a sorprenderla con un chaparrito.

P. ¿QUÉ LE dijo Pirulina a Simpliciano cuando en la noche de bodas éste le preguntó que si era virgen?
R. "Ay, sí! ¿Y a poco tú eres San José?"

P. ¿POR QUÉ el hombre se vuelve más inteligente al hacer el amor?
R. Porque está conectado a una mujer.

P: ¿EN QUÉ se parecen algunos políticos a las botellas de cerveza?
R: Del cuello para arriba están vacíos.

PRINCESAS

TERMINADO EL VOLUPTUOSO trance de amor el guerrero maya se esforzaba en consolar a la princesa Nicte—Ha, que lloraba llena de pesadumbre y contrición la perdida gala de su doncellez: "Trata de ver el lado bueno de esto, Nicte: como ya no eres virgen ya no corres el riesgo de que te avienten al cenote".

CHIC-LAN, GUERRERO maya, asediaba con urentes instancias amorosas a la princesa Nicte. Ella se resistía al acoso. "Mira, linda —razonaba el temoso amador—. Piensa que si accedes a mi sensual demanda ya no serás elegible para que los sacerdotes te sacrifiquen en el cenote de las vírgenes". Ni siquiera ese argumento, válido a la luz del instinto de conservación, logró hacer que la pudicia de la joven se rindiera. Tanto porfió Chic-Lan, empero, que por fin sus afanes dieron fruto. Bien dice el expresivo refrán: "La mujer y la gata, de quien la trata". Un día la doncella le anunció que estaba dispuesta al fin a entregar la fortaleza. "Pero ha de ser con una condición —le dijo Nicte—. Lo haremos de pie sobre la hamaca, y previamente te vendaré los ojos y te ataré las manos por atrás". "¿A qué todo eso?" —preguntó Chic con extrañeza grande. Explica ella: "No quiero que vayas a pensar que hacerlo conmigo es cosa fácil".

IBA LA HERMOSA princesa por el bosque, y a sus pies oyó una tenue voz que la llamaba: "¡Princesa! ¡Princesa!" Se inclinó, y vio que quien así le hablaba era una rana. La tomó en sus manos, y escuchó lo que el bicho le decía: "No soy una rana: soy un príncipe encantado. Si me das un beso volveré a ser lo que antes fui: un apuesto príncipe. Me casaré contigo. Tendremos ocho hijos. Tú cocinarás para nosotros; nos lavarás y plancharás la ropa; mantendrás en orden nuestra casa; nos cuidarás de día y de noche; llevarás a los niños al colegio y a las clases de ballet y tae kwan do, lo mismo que a los juegos de futbol y basquetbol; prepararás botanas para los amigos que invitaré a jugar al dominó; atenderás a mi mamá cuando venga a pasar seis meses al año con nosotros; me serás siempre fiel; tolerarás mis desvíos de varón, y —sobre todo— estarás siempre dispuesta a atender sin excusa ni pretexto mis demandas de actividad sexual, no importa que ande borracho o que tú no tengas ganas. ¡Anda, linda princesita; dame ese beso que te pido!" Aquella noche la princesa cenó ancas de rana.

RABINOS

EL RABINO MOHEL le dice a su joven ayudante, que le mostraba un sacapuntas eléctrico: "No es que me oponga al uso de la tecnología, Isaac, pero ésa no es la manera correcta de hacer una circuncisión".

EL SEÑOR CURA don Arsilio y el rabino Leibowitz eran muy amigos. En cierta ocasión el sacerdote hubo de salir con urgencia, y le pidió a su amigo judío oír por él las confesiones de los fieles. Llegó una chica."Me acuso —dice— de que tuve relación carnal con mi novio". "Deja 50 pesos de limosna" —prescribe el señor Leibowitz. "¿50 pesos? —se asombra la muchacha—. El padre Arsilio sólo pide 10". Contesta el rabino: "Es que él no sabe lo sabroso que es eso".

UN SACERDOTE CATÓLICO, un ministro protestante y un rabino judío hablaban de temas de bioética. Se plantearon una pregunta: ¿en qué momento principia la vida en el ser humano? Dice el cura: "Desde el momento mismo de la concepción". Opina el reverendo: "Desde que hay actividad cerebral". Y declara el rabino: "La vida empieza cuando los hijos se casan y terminas de pagar la hipoteca de la casa".

RANCHEROS

LAS DOS RANCHERITAS ya algo maduronas que habían ido a trabajar como mucamas en la gran ciudad, intercambiaban experiencias. "Dígame, comadre —pregunta una bajando la voz—. Cuando va en uno de esos camiones todos llenos, ¿no la ha tentado el demonio?" "El de moño no —responde la otra rancherita—. Pero sí un viejo con cachucha de pelotero".

HABÍA CARRERAS DE caballos en el pueblo. De su rancho llegó don Poseidón, rico señor terrateniente, quien iba montado en un macho rucio de gran alzada y corpulencia. Para ver bien la carrera se acomodó a lomos de su macho en la primera fila. Sucedió, sin embargo, que el animal invadía la pista por donde correrían los caballos. Se acerca uno de los organizadores y le dice a don Poseidón con tono perentorio, usando el lenguaje de los charros: "Haga recular a su macho, señor, que está estorbando". "Mi macho no recula, ni reculo yo" —replicó el hacendado con tono desafiante—. "Pues le digo que lo haga recular" —insiste el otro—. "Sépaselo —contesta de nueva cuenta, terco, don Poseidón—. No haré recular a mi macho". "Pues, amigo —se enoja el otro—. Si usted no recula su macho, se lo voy a recular yo". "¿Ah, sí? —estalla don Poseidón—. Mire, usted que me recula el macho, y yo que le remacho el..."

EL RICO GRANJERO fue a la gran ciudad y entró en la barbería de un hotel de lujo. Pidió servicio completo: corte de pelo, rasura y manicure. Se acomodó bien en el sillón y dejó que el maestro barbero lo cubriera con su manta para empezar a trabajar. Abrió muchos los ojos el granjero, porque se dio cuenta de que la chica manicurista tenía un pródigo, ubérrimo, munífico busto exuberante, muy visible además porque la muchacha portaba un escote que le llegaba casi hasta la punta del dedo gordo del pie izquierdo. Todo el tiempo que duró la muchacha en la operación el boquiabierto granjero no pudo apartar la vista de aquel encanto dúplex. La muchacha, concentrada en su labor, advirtió que el granjero traía un pellejito en una uña. Levanta los ojos y dice al hombre desde su banquito: "Le voy a cortar eso". "¡No, por favor señorita! —exclama espantado el granjero—. Esto es involuntario, pero si el *máistro* me deja que camine un poco sin quitarme la sábana, tenga usted la seguridad de que se me pasará solo".

ENFERMÓ LA ESPOSA de don Poseidón, hacendado rico, pero de pocas luces. El médico le indica al hombre por teléfono: "Consígase un termómetro y tómele la temperatura rectal a su señora. Luego llámeme". Una hora después don Poseidón se reporta con el facultativo. "Ya le puse a mi mujer la cosa esa" —le informa—. "Y ¿qué marcó? —pregunta el médico—. Responde don Poseidón: "Marcó: 'Húmedo y con vientos'". "¡Santo Cielo! —exclama el galeno consternado—. ¡Eso lo marcan los barómetros!" "Pos yo no sé —replica el vejarrón—. Pero ojalá sirva el dato, porque batallé mucho para ponerle el aparatejo ahí".

EL MÉDICO LE indica al granjero, cuya esposa estaba enferma: "Los medicamentos que le voy a dar, estas píldoras y estos supositorios, deben administrarse en horas muy precisas". Le informa el granjero: "No tenemos reloj". "Bien —responde el facultativo—. Cuando cante el gallo dele la píldora, y cuando llegue el lechero póngale el supositorio". Al siguiente día el galeno le preguntó al sujeto si había cumplido sus instrucciones. "Sí, doctor —responde el individuo—. Batallé algo para que el gallo se tragara la píldora, pero de plano tuve que amarrar al lechero para ponerle el supositorio".

AQUEL TORO GOZABA de fama en los rodeos. Ningún jinete había aguantado más de cinco segundos sobre él. Quienes lo montaban siempre caían por tierra tras sufrir violentas laceraciones corporales. (En inglés la palabra "jineteo" se dice *scrambled eggs. N. del A.*). Cobró renombre legendario el terrible animal: cuando su nombre oían —se llamaba Berserk—, los más rudos vaqueros se echaban a temblar, y a más de uno lo acometía un accidente súbito de pringapiés, o sea despeño ventral, cursos. Cierto día el toro fue llevado al gran rodeo anual de Donna, Texas. Cuando supieron que Berserk estaba ahí todos los jinetes desaparecieron como por ensalmo. Ninguno se atrevía no ya a montar a aquel furioso endriago, sino ni siquiera a acercarse a él. El *emcee* del rodeo anunció por el micrófono que la empresa ofrecía un premio de 100 mil dólares al jinete que aguantara 10 segundos sobre el lomo de Berserk. Nadie respondió a la convocatoria. Entre el público estaba un ancianito a quien sus nietos habían llevado al espectáculo. Declara el veterano: "Yo puedo montarle a ese toro". Nadie lo oyó al principio, pero el viejecito repitió su manifestación: "Yo puedo montarle a ese toro". "¿Qué dice usted, abuelo?" —le pregunta un nieto—. "Que yo puedo montarle a ese toro". Se rió el muchacho, y con él sus hermanos y quienes alcanzaron a oír lo que decía el anciano. "Pero, abuelo —le indica uno—. Berserk ha derribado a los mejores jinetes del Oeste. Ni siquiera el gran Jim *Ironrump* Buttocks fue capaz de durar sobre él más de tres segundos. ¿Y dice usted que le puede montar?" "A Jim no —precisó el señor— pero al toro sí". "¡Está usted loco, abuelo!" —clama el muchacho—. Insistió el viejecito, con voz cada vez más alta. La gente se empezó a interesar, y algunos en el público exigieron que los nietos respetaran los derechos humanos de su abuelo: si él quería jinetear al toro debían dejarlo. "Se va a matar" —opuso uno de los muchachos—. "Es su problema" —replicó la gente—. Cedieron por fin los muchachos, y bajó a la arena el viejecito. El empresario se asombró. ¿Aquel anciano iba a montar a Berserk? Sería bajo su propio riesgo, dijo. Montó, pues, en el toro el ancianito, se abrió la puerta y salió rebufando el animal. Sus saltos y corcovas eran espantosos, lo mismo que las coces y cornadas con que batía el aire. Pero el viejecito no caía: ante el asombro de la gente se mantenía sobre los lomos de la bestia. Pasaron cinco segundos, ocho, diez, y el ancianito seguía firme. Voy a acortar el cuento: a los tres minutos se agotaron los arrestos de Berserk, y el toro se echó en la arena, rendido y fatigado. Una ovación saludó la hazaña del anciano, que recibió los

100 mil dólares del premio. Regresó a la tribuna con sus nietos. "¡Abuelo! —le dice lleno de admiración uno de los muchachos—. ¡No sabíamos que era usted jinete de toros bravos!" "Nunca lo fui —responde con gran modestia el ancianito—. Lo que sucede es que a la abuela de ustedes le daban ataques cuando yo le hacía el amor. Y si ella no logró desmontarme nunca, menos aún me iba a desmontar este animal".

EL HIJITO DEL granjero dice a su padre, que andaba en el tractor barbechando un campo: "Papá, un hombre llegó a la casa, pero no alcanzo a ver quién es". "Ve allá inmediatamente —le ordena el señor—. Si es tu abuelo dile que no tardo. Si es tu tío dile que ya voy. Si es cualquier otro hombre siéntate en el regazo de tu mamá y no te muevas de ahí hasta que yo llegue".

LA INVESTIGADORA NORTEAMERICANA hacía un recorrido por el campo de México. Cierto día, acompañada por un joven ranchero, descansaba a la orilla de un camino cuando una culebrilla se acercó a donde la dama estaba sentada. Ella se asustó tanto que levantó las piernas por el aire, y al hacerlo dejó al descubierto todo lo que no se debe descubrir a la mirada de un extraño. Pasado el susto la mujer dice al ranchero por disimular: "¿Vio usted mi agilidad, Luciano?" "Sí la vi, señora Bloomersless —responde el campesino todavía con los ojos muy abiertos—. Sí la vi". Por la noche, ya en el rancho, Luciano dice a sus amigos: "¿Saben qué? Las gabachas a aquello que les platiqué le llaman la agilidad".

AGERIO, RURAL MANCEBO campesino, llega a una casa de mala nota en la ciudad y dice a la madama: "Quiero saber si aquí trabaja Petatina, una muchacha que vivía en mi rancho y que ahora se dedica a esto". "Aquí vive y aquí trabaja —le dice la mujer—, pero si quieres estar con ella eso te costará 200 pesos". El mocetón acepta, la madama hace venir a Petatina y ella y el muchacho se van a una habitación. Paga Agerio sin vacilar el precio convenido y se retira. Regresa al día siguiente, vuelve a estar con Petatina, paga y se va. Y lo mismo hace tres días más. Luego ya no regresa. Al día siguiente se lo encuentra en la calle Petatina. "¿Por qué ya no volviste, Agerio?" —le pregunta—. Y responde el mancebo: "Es que se me acabaron los mil pesos que me entregó tu mamá para que te los diera".

DOS INDIVIDUOS ENTRARON a robar elotes en un maizal. A fin de consumar el latrocinio se cubrieron con una piel de vaca y simularon ser la res. Ya habían llenado un costal con los elotes cuando de pronto dice con angustiada voz el que iba en la parte de atrás de la supuesta vaca: "¡Caracoles! ¡Ahí viene el toro semental! ¿Qué vamos a hacer?" Responde el de adelante: "Yo fingiré que estoy comiendo hierba, y mientras tú entretenlo". (¡Como si fuera tan fácil esa entretención! Comer hierbitas es cosa muy sencilla, pero eso de entretener a un toro brahma de 700 kilos, y además verriondo, ha de ser prueba muy difícil. Esperemos que la haya superado el protagonista de esta narración. *N. del A.*).

LORENZO *RAFÁIL* LE hizo una invitación a su enamorada. "Vamos atrás de los nopales, María Candelaria —le dijo—. Te prometo que no te haré nada". Responde ella bajando la vista y mordiendo con timidez la punta del rebozo: "¿Y entonces a qué vamos?"

LLEGA UN VETERINARIO a la granja de don Poseidón, labrador acomodado pero sin ningún gravamen de cultura, y le dice: "Me especializo en inseminar vacas". "¿Qué es eso de inseminar?" —pregunta el vejancón—. "Hacer que queden preñadas" —explica el veterinario. "Ah, ya entiendo —dice don Poseidón—. Sígame, por favor". Lo lleva al establo y le indica: "Ahí está la vaca. En ese clavo puede colgar su ropa".

La niña campesina iba jalando con dificultad a un enorme toro que se negaba a andar. Un compasivo viajero le pregunta: "¿A dónde vas con ese toro, pequeñita?" Contesta ella: "Lo llevo a la granja de al lado para que cubra a la vaca del vecino". Con disgusto pregunta el visitante: "¿Y qué no puede hacer eso tu papá?" "No —responde la chiquilla—. Tiene que ser el toro".

USURINO MATATÍAS, EL hombre más avaro de todo el pueblo, estaba en la estación del tren. Se le acercó un astroso individuo. "¡Señor! —le dice con gemebunda voz—. ¡Tengo tres días sin comer! ¡No he podido conseguir ni siquiera un trozo de pan para mi esposa y mis hijitos! ¡Mírelos ahí, cómo lloran! ¡Estoy a punto de suicidarme por la desesperación! ¿Puede darme una ayudita?" "Claro que sí, buen hombre —exclama el avaro, conmovido—. Póngase aquí, junto a las vías, y cuando llegue el tren le daré un empujoncito".

EN LA CIUDAD de México, un rancherito se dirige a un capitalino: "Disculpe *usté, siñor*: ¿*Ónde* está el Zócalo?" Replica con sorna el de la capital: "¡Eso cualquier indejo lo sabe!" "Por eso le estoy preguntando a *usté, siñor*" —contesta el rancherito.

A AQUELLA RANCHERITA le decían "La segunda base". Todo mundo se la robaba.

RECIÉN CASADOS

Principia la noche de bodas. Tímida, ruborosa, le dice la recién casada a su flamante maridito: "Vehementino: toda mi vida he guardado para ti mi virginidad, mi recato, mi pureza, mi doncellez, mi pudor…" "Te lo agradezco mucho, Dulcilí —interrumpe él—. Pero ya no hables más. Disponte a gastar todos tus ahorros".

Simpliano, joven ingenuo, casó con Gordoloba, muchacha abundosa en carnes, pues pesaba más de 15 arrobas. Cada arroba equivale a 11 kilos 502 gramos. Aun quitándole los 2 gramos es bastante. A la mitad de la noche de bodas sonó el teléfono de la habitación. Era la mamá de Simpliano, preocupada por su hijo. "¿Cómo estás, Simpli? —le preguntó, solícita—. ¿Cómo van las cosas?" "Bien, mamá —contestó, afanoso, el tal Simpliano—. Ya voy llegando".

Se casó Simpliciano, joven cándido, ingenuo, pacato y pudibundo. En la noche de bodas no daba traza alguna de disponerse a cumplir el grato débito a que el connubio obliga. Susiflor, su flamante mujercita, aguardaba en el tálamo, anhelosa. Estaba poseída por las inefables y vagarosas ansias que la Naturaleza imbuye en sus criaturas a fin de moverlas a continuar la vida. Simpliciano, ignorante de las realidades del cuerpo, se entretenía viendo un programa en la televisión. Por fin Susiflor se impacientó. Cubierta sólo por vaporoso y flámeo negligé se levantó del lecho, apagó el televisor, y se le sentó en las piernas al tontaina de su marido. Lo estrechó en ferviente abrazo de urticante pasión incandescente; lo besó con urgencias de voluptuoso amor, y le murmuró al oído con sinuosa voz de invitadora Dalila o Salomé: "¿No recuerdas, amado Simpliciano, aquello de 'Creced y multiplicaos'?" "Sí lo recuerdo

—contesta el desposado respirando con agitación—. Y creo que ya estoy creciendo''.

LA NOCHE DE bodas fue muy apasionada. Hubo varios encores, y en ellos agotó el flamante esposo su caudal de fuerzas. Despertó a la mañana siguiente laso y agotado, y decidió darse una ducha de agua fría por ver si así tornaba a recobrar impulso para un nuevo performance. La helada corriente de la regadera amenguó en modo considerable la medida de la parte anatómica aplicable. Quedó reducida esa comarca a su mínima expresión, que de por sí no era muy expresiva. En eso la novia abrió la puerta del baño. Ve la citada reducción y exclama desolada: "¿Eso fue todo lo que nos quedó?"

AL DÍA SIGUIENTE de su luna de miel, el novio está todo acongojado en el bar del hotel. El compasivo cantinero le pregunta qué le pasó: "Tuve un grave problema con mi esposa —explica el muchacho—. En la mañana abrí los ojos, y todavía medio adormilado me dejé llevar por la costumbre de mucho tiempo, y sin darme cuenta de lo que hacía saqué de mi cartera un billete y se lo di". "Vaya —dice muy divertido el cantinero—, ése no es un problema tan grave. Estoy seguro de que todo se arreglará". "Sí —dice el flamante marido—. Pero la cosa no acaba ahí. Cuando ella, también muy adormilada, recibió el billete, abrió el bolso y me regresó el cambio".

EL TIPO AQUEL era tan flojo, pero tan flojo, que aprovechó la erupción de un volcán para casarse. El menso quería lograr los temblores.

LA RECIÉN CASADA, frondosa y joven mujer de nombre Avidia, hizo que en la noche de bodas su flamante maridito le demostrara doce veces seguidas su amor. (Esa hazaña está fuera de las posibilidades de un mortal común, pero el novio era de Saltillo. *N. del A.*). Terminado el trance duodécimo el muchacho cayó de espaldas en la cama. Estaba —cualquiera lo habría estado en su lugar— exangüe, desfallecido, exánime, abatido, postrado, decaído, desmadejado, laso, debilitado y consumido. "¡Por favor, amor mío! —demanda ella—. ¡Hazme el amor una vez más!" "Pero, Avidia —alcanza a decir él con feble voz—. ¡Ya van doce veces!" "¿Y qué? —pregunta ella sin entender—. ¿Eres supersticioso?" (¡Inexperta muchacha! La resistencia de tu joven marido no tenía nada que ver con cuestiones esotéricas, con cábalas o mitos pertenecientes a la credulidad. Esa resistencia se fincaba en factores ineluctables de orden físico. Dale unos 10 minutos de descanso y luego —ten la certeza— el bravo saltillense continuará impertérrito su ímproba labor. *N. del A.*).

LA NOCHE DE bodas fue movida. Quedó extática la joven desposada con el primer deliquio del amor sensual. Pidió un bis; después solicitó un encore; demandó luego otro performance y con ansia no contenida reclamó una nueva actuación extraordinaria. El pobre recién casado tenía ya anublada la visión; seca la boca, extraviado el pensamiento; lasos los miembros; pálido el semblante y los pies fríos. ¡Lacerado! A eso de las 10 de la mañana pidió una tregua tácita. "Amor mío —dijo con feble voz a su flamante mujercita—. ¿No quieres ir a desayunar?" "¡Ah, no! —protesta ella—. Aquí dice que el desayuno se sirve entre siete y doce, y nosotros apenas llevamos cinco".

LA PAREJA DE recién casados llega a su cuarto del hotel. Él se pone su elegante piyama; ella su vaporoso negligé. Después de apagar la luz, con lo que se hace una romántica penumbra, se meten en la cama. Se vuelve el novio hacia la novia y la toma delicadamente en sus brazos. Ella se deja atraer. Pero en ese momento la muchacha dice con disgusto: "¡Carajo! ¡No hay una sola cama en todo este hotel que no rechine!"

Impericio, joven inocente, casó con Pirulina, avispada muchacha que poseía ya la ciencia de la vida. Nadie tuvo el cuidado de aleccionar a Impericio acerca de los deberes del casado, de modo que en la noche de bodas se echó a dormir igual que hacía en su vida de soltero. Dos noches, y tres y cuatro y cinco pasaron sin que Impericio diera trazas de cumplir con eso que el Código Civil llama "débito conyugal". La noche del día sexto, cuando Impericio se disponía ya a roncar, Pirulina se acercó a él y empezó a besarlo ardidamente y a acariciarlo con ronroneos de felina en celo. Luego procedió a desatarle el cordoncillo del pantalón de la piyama. Impericio la mira, sorprendido, y le pregunta lleno de extrañeza: "¿Qué te sucede? ¿Qué haces?" Responde ella mimosa y acezante: "¡Quiero tener un bebé!" Contesta Impericio: "¿Y acaso piensas que ahí traigo a la cigüeña?"

AL EMPEZAR LA noche de bodas el flamante novio se quitó la bata y quedó *in puris naturalis* —es decir en *pelletier*— frente a su mujercita. "Prepárate —le dice con engallado tono—. Me siento lleno de potencia, como si todo mi cuerpo estuviera lleno de energía eléctrica". La muchacha lo ve de arriba abajo y responde con preocupación: "Si en verdad traes tanta energía ese fusiblillo va a resultar demasiado pequeño".

TRES AMIGAS CASÁRONSE el mismo día con tres muchachos que también se conocían. Al regreso de la luna de miel se reunieron las parejas. Ellos se apartaron de sus flamantes mujercitas para comentar sus respectivas experiencias. "Vaivenia y yo —se jacta uno con indiscreción— hicimos el amor cuatro veces en la noche de bodas". "Nosotros, tres" —presume el otro—. Declara el tercero: "Dulcilí y yo lo hicimos nada más una vez". "¿Una vez nomás?" —se burlan los amigos—. "Sí —responde el muchacho—. Es que ella no estaba acostumbrada".

DICE LA RECIÉN casada a su flamante esposo: "De ahora en adelante, Simpliciano, tu mamá será mi mamá, y mi mamá será tu mamá". "¡Caramba! —se entusiasma el muchacho—. ¡Estoy seguro de que a mi papá le va a gustar el cambio!"

CONTRAJO MATRIMONIO BUCOLIO, joven campesino, y su padre le obsequió una escopeta como regalo de bodas. "¡Qué regalo tan absurdo! —se enojó su esposa—. Una escopeta no es cosa para darse como regalo matrimonial". "¿Y qué esperabas que le diera?" —pregunta el hombre—. "Uh —contesta la señora—. Hay tantas cosas que pueden regalársele a un recién casado. Por ejemplo, un reloj". "¡Ay, sí! —se burla el granjero—. ¡Un reloj, un reloj! A ver, suponte que llega el muchacho a su casa y encuentra a su mujer con otro. ¿Qué va a hacer? ¿Decirles la hora?"

HE AQUÍ EL cuento del muchacho recién casado que se quejaba con su papá de que su flamante esposa le había salido respondona. "Cuando así se ponga bájale las faldas y todo lo demás y dale una buena azotaina —le recomienda el señor—. Eso a mí me dio muy buen resultado con tu madre". Días después el señor le preguntaba a su hijo cómo le había ido con el consejo. "No muy bien —responde el muchacho algo compungido—. Me responde ella y me da mucho coraje, pero cuando le bajo las faldas y todo lo demás para darle la azotaina, con lo que veo se me acaba el coraje".

AL DÍA SIGUIENTE de la noche de bodas la novia toma el teléfono de la habitación y llama al restaurante del hotel. "Hablo del 201 —dice—. Nos manda por favor el desayuno. Yo quiero unos *hot cakes* con tocino y para mi marido dos lechugas". "¿Dos lechugas? —pregunta el muchacho sorprendido—. "Sí —dice ella—. Quiero ver si también come como conejo".

SIMPLICIANO CASÓ CON Rosibel. La noche de bodas le pregunta con solemnidad: "Dime: ¿soy yo el primero?" "Pienso que no —contesta Rosibel—. Te habría reconocido".

UNA MUCHACHA TUVO un novio al que quiso mucho, tanto que se hizo tatuar en una parte del busto su retrato. Perdió con él y se enamoró de otro hombre, cuyo retrato hizo tatuar en la otra parte del busto. También con ese hombre se disgustó. Finalmente conoció a otro que se casó con ella. La noche de bodas la muchacha le dice a su marido: "Tengo algo que confesarte". Se descubre el busto, le muestra el doble retrato de los novios y le cuenta la historia de los tatuajes. Dice el novio: "Francamente ahora me molesta eso. Pero dentro de algunos años me consolaré viéndoles a esos caones las caras largas y caídas".

AQUELLA PAREJA ESTABA de luna de miel en Cancún. Le dice la insaciable noviecita a su exhausto, agotado, exánime marido: "¡Pero, Languidio! Tres mil pesos nos está costando el cuarto cada día, ¿y tú quieres ir a la playa?"

EN PLENA NOCHE de bodas el infeliz recién casado sufrió un síncope fatal, y pasó a mejor vida en brazos de su flamante mujercita. Cuando llegó el médico del hotel no pudo hacer otra cosa más que certificar el deceso del desventurado. Le dice a la desolada muchacha: "No me explico por qué le pasó esto a su marido, un hombre en plena juventud. ¿Recuerda usted cuáles fueron sus últimas palabras?" "Sí —responde ella, llorosa—. Me dijo: 'Pero, Rosibel, ¿otra vez?'"

BUCOLIO, JOVEN CAMPESINO, casó con mujer de la ciudad. Al mes regresó al pueblo con la noticia de que se había separado de su esposa. Dijo a sus padres: "La encontré indiferente". "¿Indiferente?"

—se asombraron ellos. "Sí —confirma el rústico mocetón—. Indiferente cama".

CONTRAJO MATRIMONIO DON Senilio, caballero otoñal, con Dulcilí, joven muchacha en flor de edad, pero ignorante de los misterios de la vida. La noche de bodas don Senilio se inclinó sobre su flamante mujercita y le dijo: "Te voy a dar un susto". Reunió todas sus fuerzas el maduro galán, y consiguió apuradamente consumar las nupcias. El esfuerzo lo dejó exangüe, exhausto, exánime. Dulcilí, por el contrario, quedó en deseos de holgarse nuevamente en los deliquios de Himeneo. En urente tono le rogó a su marido: "¡Dame otro susto, por favor!" Agotado, se voltea hacia ella don Senilio y le hace: "¡Bú!"

EL RECIÉN CASADO salió del baño en la noche de bodas; se plantó ante el lecho donde lo aguardaba su flamante mujercita, y dejó caer la bata a sus pies con elegante ademán de seductor. De inmediato la muchacha se echó a llorar. "Pero, vidita —trató de consolarla él—, ¿por qué lloras?" "Anda, no me hagas caso —responde la chica entre sus lágrimas—. Tú sabes bien que yo lloro a la vista de cualquier insignificancia".

NOCHE DE BODAS. Terminó el primer trance de amor. El novio, adormilado, sacó de su cartera un billete de cien pesos y se lo dio a su mujercita. "¡Ultimiano! —exclamó ella con indignación—. ¿Qué significa esto?" El galán se dio cuenta de su error. "Perdona, Mesalinia —se disculpó, apenado—. La grata fatiga que viene tras el erótico deliquio me produjo un dulcísimo sopor a causa del cual no supe lo que hacía". "¡Claro que no supiste lo que hacías! —rebufa la muchacha—. ¡Ningún hombre me ha dado menos de mil pesos!"

LOS RECIÉN CASADOS decidieron pasar la noche de bodas en la casa donde iban a vivir, pues su avión salía ya tarde. Cuando se despertó por la mañana después de la noche nupcial, el novio se levantó sin hacer ruido y de puntillas fue a la cocina. Quería darle una linda sorpresa a su mujercita: le llevaría el desayuno a la cama. Y se lo llevó, en efecto. La muchacha vio con disgusto la charola que su marido le ofrecía: el café estaba frío, las tostadas venían quemadas, los huevos fritos se veían cuajados en el plato. "¡Caramba! —exclama la muchacha con disgusto— ¿Tampoco esto sabes hacer?"

SE CASÓ UN individuo que practicaba karate. Al empezar la noche de bodas se precipitó sobre su flamante mujercita al tiempo que lanzaba su estridente grito de karateca: "¡¡¡Yaaaaa!!!" Exactamente un minuto después el individuo volvió a decir, ahora con acento agotado, débil tono y feble voz: "Ya".

AQUELLA BODA DE pueblo acabó en zafarrancho. Uno de los rijosos fue llevado ante el juez, y dijo lo que había sucedido. "En el pueblo —relató— es costumbre que los amigos del novio bailen con la novia en la fiesta nupcial. Yo estaba bailando con ella cuando de pronto el novio le dio a la muchacha una terrible patada en las pompas". "¡Qué barbaridad! —se escandaliza el juzgador—. ¡Eso debe haberle dolido mucho a ella!" "¿A ella? —profiere indignado el tipo—. ¡A mí me rompió tres dedos de la mano!"

LLEGARON LOS RECIÉN casados de su luna de miel, y los papás de la muchacha los invitaron a comer. "Jamás olvidaré —comenta el señor evocadoramente—, la cara de felicidad de Rosilí cuando se puso el vestido de novia". "¡Uh! —dice el recién casado—. ¡Hubiera visto mi cara cuando se lo quitó!"

EL ALTO Y fuerte mocetón, joven labriego, casó con muchacha de la ciudad. Cuando volvieron de la luna de miel alguien le preguntó al fornido muchacho cómo le había ido. Responde él, intrigado: "Susiflor es muy rara. Cuando me vio por primera vez sin ropa, ladró". "¿Cómo que ladró?" —se sorprende alguien—. "Si —responde el grandulón—, hizo '¡Wow!'"

EN LA SUITE nupcial donde pasarán la noche de bodas pregunta el novio a su flamante mujercita: "Dime, Rosibel: ¿eres virgen?" "¿Para qué quieres saber eso? —pregunta ella muy molesta—. ¿Me vas a rezar o qué?"

AL COMENZAR LA noche de bodas dice la recién casada a su flamante marido: "Te suplico que actúes con delicadeza, Forticiano. Tengo el corazón un poco débil". "No te preocupes, Fragilina —contesta él—. Hasta ahí no voy a llegar".

CASÓ BUCOLIO, JOVEN labrador sin ciencia de la vida, con Nalguiria, artista de un circo que acertó a pasar por el lugar donde vivía el muchacho. Ignorante de las cosas de himeneo Bucolio le preguntó a su papá, don Poseidón, qué debía hacer en la noche de las bodas. "No se apure *m'ijo* —lo tranquiliza el vejancón—. La Madre Naturaleza se encargará de mostrarle el caminito de la felicidad". Al día siguiente de los desposorios don Poseidón le pregunta con socarrona sonrisa a su retoño: "¿Encontró *m'ijo* el caminito de la felicidad?" "Sí, *'apá* —responde el mocetón—. Aunque, la verdad, a mí me pareció más bien autopista".

DESPUÉS DE TRES días de no salir del cuarto el recién casado pide al botones del hotel: "Tráigame un caldo de pescado, tres cocteles de ostiones, tres de camarones, seis jaibas rellenas, un vuelve-a-la-vida

171

y medio kilo de ceviche, con seis cervezas y una botella de vino blanco". La noviecita oye que su flamante marido está pidiendo cosas de comer y dice desde el lecho: "Yo quiero..." La interrumpe el muchacho: "Ya sé lo que quieres, Rosibel —le dice—. Pero primero déjame reponerme".

AL DÍA SIGUIENTE de la noche de bodas dice amorosamente el recién casado a su flamante mujercita: "¿Qué te pareció nuestra noche de bodas, Susiflor?" "No estuvo mal —responde ella displicente—. Pero mi mamá me dijo que me ibas a dar una sorpresa muy grande y, la verdad, no era tan grande".

SIMPLICIANO CASÓ CON Pirulina. El feliz desposado quiso dar a la noche de bodas ambiente de oriental romanticismo, para lo cual apagó la luz y empezó a encender veladoras. "¡Ay, Simpliciano! —le dice ella—. ¿Para qué prendes esas veladoras? ¡Ni que fuera yo virgen!"

LLENA DE FELICIDAD la recién casada le da la buena noticia a su mamá: "¡Voy a tener gemelos, mami!" "¡Fantástico!" —se alegra la señora—. "Sí —dice el joven marido—. Según el doctor, esto sucede solamente una de cada cien mil veces". "¡Santo Cielo! —se asusta la mamá—. ¿Y cuándo completaron ustedes las cien mil veces?"

AL TERMINAR EL primer trance de amor en la noche de bodas el novio pregunta a la muchacha: "¿Te gustó, Rosibel?" Responde la muchacha: "Me hiciste recordar, Impericio, un programa de radio". "¿Ah, sí? —inquiere él con gran interés—. ¿Cuál?" *La hora del aficionado* —contesta Rosibel—.

CASÓ MEÑICO MALDOTADO, un hombre con quien Natura se mostró avara en grado extremo a la hora de repartir sus dones. En la noche de bodas le dice a su flamante mujercita: "No te inquietes, amor mío, ni sientas ningún temor. Seré gentil a la hora de consumar nuestra feliz unión". "Despreocúpate —le contesta ella, displicente—. Ya te vi, y puedes ser todo lo salvaje que quieras, que ni cuenta me voy a dar".

VA A EMPEZAR la noche de bodas. Con elegante gesto el novio desata el cinto de su bata y se presenta al natural. La novia lo ve de arriba abajo y luego hace un mohín de disgusto. "¡Chín! —exclama—. ¡Y para colmo no funciona el televisor!"

LA ÁVIDA E insaciable recién casada pregunta a su maridito después de otro apasionado *match* de amor: "Dime, queridito, ¿qué quieres para nuestro primer mes de casados?" "Llegar" —responde él con débil y temblorosa voz—.

LOS RECIÉN CASADOS han llegado al hotel donde pasarán su noche de bodas y ocupan ya su habitación. Ella se dispone a desvestirse. El novio, tomando en sus manos uno de los zapatos que se ha quitado su flamante mujercita, le dice cariñoso: "¿Cómo es posible, Susiflor, que pueda caber tu pie en un zapatito tan pequeño?" "Y eso no es nada, —responde ella muy orgullosa—. Espérate a que me quite la faja".

ENTRAN EN LA suite nupcial los recién casados, y dice la novia en un suspiro: "¡Al fin solos!" Responde muy enojado el muchacho: "Susiflor: tenemos tres años de novios; tardamos cinco horas en llegar aquí, ¡y todavía te pones a platicar!"

LLEGARON LOS RECIÉN casados a la suite nupcial donde pasarían la noche de bodas. El novio, muy nervioso, no acertaba a meter la llave en la cerradura de la habitación. Le dice con inquietud su flamante mujercita: "Quizá dejamos para mañana lo de la noche de bodas, Leovigildo. Con esa puntería..."

LOS RECIÉN CASADOS entraron en la casa donde iban a vivir. Le dice la muchacha a su flamante maridito: "Sala, recámara o cocina. Escoge en cuál de esos cuartos quieres que me esmere más. No puedo esmerarme en los tres".

AGOTADA, DESFALLECIDA, EXHAUSTA, le dice la recién casada a su insaciable maridito: "¡Te amo, Enrique!" "No me llamo Enrique" —se desconcierta él—. "Perdona —responde la muchacha—. Pensé en el rey Enrique porque tú también ya vas en el octavo".

DOS RECIÉN CASADAS comentaban sus respectivas experiencias en la noche de bodas. Cuenta una: "Leovigildo manejó todo el día. Cuando llegamos al hotel se metió en la cama y se durmió al segundo". Relata la otra: "Bronaldo también manejó todo el día, e igualmente se metió en la cama cuando llegamos al hotel. Pero él se durmió al tercero".

ROSIBEL SE CASÓ con Eddy Sohnn porque era un joven científico de mucho mérito: había inventado una fórmula para desaparecer objetos; seguramente eso lo haría uno de los hombres más ricos del mundo. La noche de bodas Eddy se presentó al natural ante su mujercita. Lo mira Rosibel y exclama llena de aflicción: "¡Dios mío, Eddy! ¿Te cayó ahí la fórmula?"

EN LA LUNA de miel el flamante marido hacía objeto a su mujercita de apasionadas demostraciones amorosas. Ella levantaba la mano una y otra vez. Pensaba el novio que aquel ademán era un apasionado movimiento fruto de la ocasión y el éxtasis, de modo que siguen las ardientes expresiones. Pero como la muchacha seguía levantando la mano, le pregunta: "¿Por qué levantas la mano tantas veces?" "Porque estás fuera de lugar" —responde ella—.

HACÍA POCO TIEMPO se había casado aquel muchacho. Un día llegó a su casa antes de la hora acostumbrada y encontró a su todavía flamante mujercita en compañía de un desconocido. "¿Qué es esto, Rosilí?" —le pregunta con tono desolado—. Responde ella muy seria: "Astolio: recuerda que hace una semana te dije que muy pronto seríamos tres".

EN EL AVIÓN la novia le contó al novio que una vez había tenido un tropezón. Cuando llegó la noche de bodas el flamante marido descubrió que su mujercita ya no era doncella. Le dice la muchacha: "Acuérdate: yo te confesé que había tenido un tropezón". "Sí —responde mohíno el desposado—. Pero en mi pueblo los tropezones se dan con los pies, no con las pompas".

LE DICE LA joven esposa a su maridito: "Me siento cansada, débil, exangüe, desfallecida, exhausta, exánime, feble, desanimada y lasa". "Para eso yo tengo una medicina" —le dice él con sonrisa intencionada. Y procede a hacerle el amor apasionadamente. Al terminar le pregunta: "¿Te sientes mejor, mi vida? ¿Te probó bien mi medicina?" "Creo que sí, mi amor —contesta ella con un suspiro—. ¿No me podrías repetir la dosis?"

AL COMENZAR LA noche de bodas el novio le presentó sus pantalones a su flamante mujercita y le dijo con solemnidad: "A ver, Rosibel:

ponte estos pantalones". Ella respondió: "Son demasiado grandes para mí". "Ésa es precisamente la lección que quise darte —dice el tipejo—. Aprende que quien llevará los pantalones en la casa seré yo". Sin inmutarse la muchacha le entrega a su vez uno de sus diminutos panties. "A ver —le dice—. Ahora ponte tú esto". "Imposible —responde desconcertado el tipo—. Es demasiado pequeño para mí; no podría entrar en él". "Ésa es precisamente la lección que quise darte —le dice entonces la muchacha—. A menos que cambies de actitud no entrarás en ellos".

LLEGARON LOS RECIÉN casados a la suite nupcial del hotel donde pasarían su noche de bodas. El novio, solícito y amoroso, le pregunta a su flamante mujercita: "Dime, Dulcilí: ¿es la primera vez que vas a hacer el amor?" "Sí, mi vida" —responde ella, ruborosa—. "Veo que tiemblas, cielo mío —dice él tomándola con ternura entre sus brazos—. No estés inquieta: seré muy delicado". "Perdóname —se disculpa ella—. Cada vez que voy a hacerlo por primera vez me pongo muy nerviosa".

DULCILÍ SE CASÓ, y fue con su flamante esposo a una luna de miel que duró más de un mes. Durante su ausencia el arquitecto les acondicionó la casa en que iban a vivir. Cuando la parejita regresó el arquitecto le mostró a la recién casada lo que había hecho. Le pidió que mirara los pisos y le dijera si eran de su gusto; que revisara las paredes, a ver si la textura había quedado bien; que aprobara el enlucido de los techos. Todo lo vio con atención la chica, pero los techos no los quiso ver. "¿Por qué?" —le preguntó extrañado el arquitecto—. Responde ella: "Durante los últimos treinta días no he visto otra cosa".

EN LA NOCHE de bodas el recién casado exclama en el arrebato de la anhelada posesión: "¡Te amo terriblemente, Rosibel!" "Ya me estoy dando cuenta —responde ella—. Pero poco a poquito te voy a ir enseñando".

LA JOVEN ESPOSA ansiaba tener un bebé. Cada noche ella y su esposo hacían todo lo posible por conseguir tan venturoso don, pero los ímprobos esfuerzos de la pareja, esfuerzos a veces repetidos en la misma jornada de labor, no daban resultado. La muchacha le comentó su situación a una amiga a la que hacía tiempo no veía. Le dice ella: "Yo estuve en la misma situación que tú. Cinco años llevaba de casada ya, y no había encargado. Entonces fui con un brujo". Contesta la otra: "La verdad, no creo en brujerías". "Tampoco creía yo —replica la amiga—. Pero ahora tengo a mi hijo". La muchacha, por sí o por no, le pidió la dirección del hombre. Meses después las dos volvieron a encontrarse. "¿Cómo te fue con el brujo?" — pregunta la amiga—. Responde la muchacha: "Fuimos mi esposo y yo a verlo, y de nada sirvió". Le dice al oído la amiga: "Debes ir sola".

EN LA NOCHE de bodas el novio se despoja de su bata y se presenta al natural ante su mujercita. Mostrándole los bíceps le dice con orgullo: "Un centímetro más aquí y tendría lo mismo que tiene *Mister* Universo". Responde ella: "Y un centímetro menos ahí y tendrías lo mismo que tiene *Miss* Universo".

SEXO

SE IBA A casar Dulcilí, muchacha ingenua y sin conocimiento de las cosas del mundo y de la vida. Su madre, preocupada, le daba consejos y recomendaciones en torno de su conducta en la noche nupcial. "Y por ningún motivo, hijita —le dice—, vayas a tomar la iniciativa". "¿Así se llama?" —pregunta Dulcilí abriendo mucho los ojos—.

EL SEÑOR REPRENDIÓ a su hijo porque en el autobús no se levantó para cederle su asiento a una señora. "Aprende —le dijo— que un caballero no puede estar sentado si una dama está en pie". Le replica el muchacho: "Sin embargo, yo he visto el retrato de bodas tuyo y de mi mamá, y en él tú apareces sentado y mi mamá parada". "Es cierto —reconoce el señor—. Pero es que esa fotografía nos fue tomada al día siguiente de la noche de bodas, y a esas horas ni tu mamá podía sentarse ni yo podía sostenerme en pie".

IBA UN DESFILE de políticos por la calle. Un señor que estaba entre el público sintió de pronto que le sacaban la cartera, y vio que dos raterillos salían a todo correr. "¡Párense, rateros!" —grita el señor a voz en cuello—. El desfile tardó más de 15 minutos en ponerse en movimiento otra vez.

CASÁRONSE CASTALIA Y Pititillo. Ella, muchacha llena de virtudes, había guardado para el matrimonio la flor de su nunca tangida doncellez. Pititillo era un muchacho poco dotado por la Naturaleza, que tan avara se muestra a veces con sus hijos en partes donde debía ser más generosa. Empieza la noche nupcial. Ella se despoja de la parte superior de su atavío nupcial y dice mostrando la doble gala galáctica del pecho: "Mira: esto nadie lo ha visto jamás". Se despoja después de lo demás; muestra el lugar donde la espalda acababa —no era el cuello— y dice de nuevo: "Mira: esto nadie lo ha visto jamás". Por último, en supremo abandono del cándido pudor, ofrece el resto de sus atributos a la anhelosa vista de su esposo. "Mira —le dice otra vez—. Esto nadie lo ha visto jamás". Entonces Pititillo desata con elegante ademán las cintas que le ceñían la bata y la deja caer a sus pies al tiempo que decía: "Y tú también, amada, mira. Esto nadie lo ha visto jamás". Entrecerrando los ojos como hacen los miopes responde Castalia: "Y me lo explico. Yo misma estoy batallando para verlo".

EL JOVEN RECIÉN casado llegó a su casa a la hora de la cena: "¿Ya te caliento?" —le pregunta su mujercita—. "Después —contesta el joven—. Primero dame de cenar".

LLEGÓ UN MILITAR uniformado a un congal, burdel, prostíbulo, zumbido, ramería, casa de lenocinio, putería, quilombo, mancebía, chongo, berreadero o lupanar, y preguntó a la mujer encargada del establecimiento: "¿Cuánto me va a cobrar usted, señora, por disfrutar mi compañía?". No dejó de amoscarse la madama por la actitud fanfarronesca, facunda, farolona, faceta, fantesiosa, fafarachera, farfante, facultosa, faramallera, fastosa, farolera, fardona y fatua que mostraba el fachendoso mílite, pero igual respondió: "200 pesos". Entregó el uniformado las monedas, y luego, asomándose a la puerta, gritó con imperiosa voz: "¡Compañía! Paso redoblado. ¡Ya!"

VA UNA MADURA señorita soltera a una granja donde vendían aves de corral para formar gallineros familiares. "Señor —pide al granjero—, me hace favor de darme una gallina y diez gallos". "Perdone —le dice el granjero—. Querrá usted decir diez gallinas y un gallo".

"No —insiste la señorita—. Una gallina y diez gallos. No quiero que la pobrecita pase por lo mismo que he pasado yo".

CELIBERIA SINVARÓN, MADURA señorita soltera, llegó muy agitada a casa de su amiga Himenia Camafría, añosa célibe como ella, y le contó el desastrado suceso que le había acaecido. Al ir por un oscuro callejón le salió al paso un individuo que la amagó con un agudo picahielo. "Escoge, ruca —le dijo el asaltante—. Un piquete con este, o un piquete con esto". "¡Qué barbaridad! —exclama, consternada, la señorita Himenia—. Y tú, ¿cuál escogiste?" "¡Idiota! —profiere con enojo Celiberia—. ¿No ves que estoy viva?"

SOLDADOS

EN LAS TRINCHERAS el general advirtió que uno de los combatientes no le disparaba al enemigo. "Soldado Guang O —le pregunta—. ¿Por qué no dispara usted su carabina?" "Está embalada" —contesta el hombre—. El general, para ver si en verdad las balas estaban atoradas, toma en sus manos la carabina. "¡Oiga! —exclama arrojándola con asco—. ¡Tiene suciedad!" Replica el oriental: "Le dije que estaba embalada, mi genelal".

UN UNIFORMADO EVIDENTEMENTE ebrio insistía en cortejar en una fiesta a una muchacha. "Retírese por favor —le pide ella—. Está usted borracho". "¿Borracho yo? —tartajea el tipo—. ¿Borracho el Tomandante del Segundo Botellón de la Tercera Briagada de Inflantería?"

UN MÍLITE DE alta graduación cortejó a una joven y guapa mujer que formaba parte también de la milicia. Le dio a entender que si cedía a sus instancias de libídine la ascendería de grado. Ella, que anhelaba con ardimiento subir en el escalafón, aceptó la salaz propuesta, y juntos fueron al departamento del cortejador. Ahí entró él en batalla sin siquiera explorar antes el campo, cosa muy desaconsejada tanto por la estrategia como por la táctica. En pleno trance lúbrico ella le preguntó a su superior, que se afanaba con denuedo de cadete en el rítmico *in and out*: "¿Y a qué grado me va usted a ascender, mi general?" "A cabo primero" —respondió él entre jadeos acezantes. "¿Cabo primero? —se sorprende ella—. ¡Pero si ya soy capitán!" "No, linda —aclara el superior sin alterar el compás de sus eróticos meneos—. Te estoy diciendo que primero acabo y luego te digo a qué grado te voy a ascender".

EL SOLDADO VA con el médico del batallón. "Tengo problemas para dormir, doctor —le cuenta—. Si me acuesto del lado derecho el problema es el riñón. Si me acuesto del lado izquierdo el problema es el hígado. Si me acuesto bocarriba el problema es el estómago...". "¿Y si se acuesta bocabajo?" —sugiere el galeno. Responde el individuo: "Si me acuesto bocabajo el problema son mis compañeros de barraca".

DOS VETERANOS DE Vietnam estaban platicando. Le dice uno al otro: "¿Recuerdas esas pastillas que nos daban en Saigón para que se nos quitaran las ganas de buscar mujeres? En mi caso ya están empezando a funcionar".

UN GRUPO DE revolucionarios llegaron sedientos y con hambre a un pequeño rancho de la sierra. Los pobladores habían huido, temerosos de aquellos hombres de armas, y no dejaron agua ni alimentos. El capitán de los rebeldes, sin embargo, vio una majada de cabras. "¡Muchachos! —llama a sus soldados—. ¡A beber de las ubres de las cabras!" Se pusieron todos a chupar golosamente la rica leche de los animalitos. Sólo un sujeto no bebía. Le pregunta el jefe: "¿No le gusta la leche de cabra, sargento Malsinado?" "Sí me gusta, mi capitán —responde el hombre—. Sólo que a mí me tocó el chivo!"

EN LAS PRÁCTICAS de camuflaje un soldado disfrazado de árbol salió corriendo de repente, con lo que echó a perder todo el ejercicio. Su sargento lo reprendió ásperamente. "¿Por qué te moviste, idiota? —le dijo—. Si haces eso en el campo de batalla pondrás en riesgo tu vida y la de tus compañeros". "Mire, mi sargento —responde el soldado—. No me moví cuando una bandada de pájaros me llenó la cara con sus deyecciones. Tampoco me moví cuando vino un perro y me mojó los pies. Pero cuando dos ardillas se me subieron por abajo del pantalón, y una le dijo a la otra: '¡Mira! ¡Dos nueces!

Vamos a comernos una, y la otra nos la llevamos para guardarla y comerla en el invierno', perdóneme, mi sargento, pero entonces ¡sí me moví!"

☺

SOLTERAS

LA MADURA SEÑORITA soltera llega por la mañana a la administración del hotel y con airadas voces reclama la presencia del gerente. Cuando llega éste la señorita le dice indignada: "¡Voy a demandar al hotel!" "¿Por qué?" —pregunta alarmado el gerente—. "Por crueldad mental" —dice la señorita—. "¿Crueldad mental? —se asombra el gerente. No comprendo". "No se haga —dice la señorita—. Me dieron el cuarto que está al lado de la suite nupcial".

POR PRIMERA VEZ en su vida la señorita Celiberia Sinvarón vio una radiola, rockola o sinfonola, que en las tres formas solían llamarse los aparatos accionados por monedas y destinados a la reproducción de piezas musicales grabadas en discos de pasta más o menos dura. (Dicho sea de paso, entre los éxitos —llamados *hits*— que llegué a oír en esos aparatos estaban los siguientes: *They needed a songbird in Heaven, so God took Caruso away; Come after breakfast, bring your lunch and leave before suppertime* y *Where did Robinson go with Friday on Saturday Night? N. del A.*). Alguien le dijo a la señorita Sinvarón: "Échele una moneda a la radiola y le tocará algo". Al rato se queja Celiberia: "Le eché la moneda, pero no ha salido la mano que me tocará algo".

UN GUAPO JOVEN viajaba en su automóvil por la carretera. Vio en el campo un arroyuelo de aguas claras —la historia no sucede en México—, y decidió darse un chapuzón en las cristalinas y refrescantes linfas. Despojose de la ropa y en *birthday suit*, como dicen los ingleses, o sea en *pelletier*, se sumergió en las aguas. Gozando estaba de aquella ablución reparadora cuando acertaron a pasar por ahí Celiberia Sinvarón e Himenia Camafría, maduras señoritas

184

solteras. Traviesas, hurtaron las ropas del muchacho a fin de divertirse con su desconcierto y también —¿por qué no decirlo?— para gozar la vista en la contemplación de sus atributos varoniles. Salió del agua el adónico mancebo y se sorprendió al no encontrar su ropa. Las señoritas no pudieron contener la risa. El joven, azarado, cogió una vieja tina que vio tirada ahí y se cubrió con ella la parte más comprometedora. Himenia y Celiberia se rieron más aún. Les dice el muchacho con enojo: "Si creen ustedes que son unas damas, están muy equivocadas". Le contesta la señorita Himenia: "Y si tú crees que la tina tiene fondo estás más equivocado aún". (Pobre joven: no hizo más que ponerle marco. *N. del A.*)

LA SEÑORITA CELIBERIA Sinvarón fue a confesarse con el padre Arsilio. "En las noches —le dice— siento el urticante deseo de tener un hombre junto a mí". Le aconseja el sacerdote: "Lo que necesitas, hija mía, es buscarte un marido". "¿El de quién me recomienda?" —pregunta ansiosamente Celiberia—.

HIMENIA Y CELIBERIA, maduras señoritas solteras, fueron a misa. En la puerta del templo clamaba un invidente: "¡Una limosna para este pobre ciego que no puede gozar de la dicha más grande de los hombres!" En voz baja le dice Himenia a Celiberia: "¡Pobrecito! ¿Quién lo castraría?"

ERAN TIEMPOS DE revolución. En lo más crudo del invierno el vencido general Bañal se halló con sus soldados en lo alto de una abrupta serranía. Reinaba un frío terrible y Bañal temió por la suerte de sus hombres. Bajó con ellos al pueblo más cercano y llamó a la puerta de una casa. Le abrió un señor. "Busco hospedaje para mis soldados" —le pide el militar—. Contesta el individuo: "Somos diez de familia. Sólo podría alojar a uno de ellos". Pasa a la siguiente casa el general. "Necesito que reciba en su casa a varios de mis hombres" —dice a la señora que atendió el llamado—. "Tengo nueve hijos" —responde ella—. Puedo admitir a uno nada más". Llama el general a la puerta del siguiente domicilio, y sale la señorita Celiberia Sinvarón. "Necesito hospedar a mis soldados —le dice el militar—. ¿Podría ayudarme?" "No sé —vacila la señorita Celiberia—. Vivo sola, y la casa no es muy grande". "Por favor —insiste Bañal—. Mis hombres son jóvenes; no están acostumbrados a este clima y llevan ya seis meses sin mujer". "¿Cuántos soldados quiere usted que reciba en mi casa?" —pregunta ella—. "Los que pueda —responde el general—. Somos cuarenta". "Está bien —suspira la señorita Celiberia—. Que pasen".

CHARLABAN HIMENIA CAMAFRÍA y Celiberia Sinvarón, señoritas solteras y maduras. Comenta Celiberia: "Qué fino y educado es el señor que te visita". "Sí —responde la señorita Himenia—. Siempre dice que está a mis pies. Voy a ver si logro que vaya subiendo poco a poco".

UN POBRE SEÑOR fue asaltado. Los ladrones le quitaron hasta la ropa, toda, y le dejaron sólo una cachucha o gorra para que se cubriera la parte que por pudicia y decoro ha de taparse. Aterido y lleno de turbación estaba el infeliz, mirando quién lo auxiliaría, cuando acertaron a pasar por ahí las señoritas Himenia Camafría y Celiberia Sinvarón, maduras célibes doncellas. Al ver al desdichado rompieron a reír, con lo que el pobre señor se apenó todavía más. "Si fueran ustedes unas damas —las reprende— no se burlarían de mí". Responde la señorita Camafría: "Y si fuera usted un caballero se quitaría la cachucha".

HIMENIA CAMAFRÍA Y Celiberia Sinvarón, maduras señoritas solteras, se confiaban sus respectivos sueños. "Yo —dice Himenia—, me conformaría con una sola noche de amor". "¿Una nada más?" —dice Celiberia—. "A estas alturas sí —suspira Himenia—. Pero la voy a pedir en Alaska. Ahí las noches duran seis meses".

CELIBERIA, MADURA SEÑORITA soltera, llegó corriendo a la casa de Himenia, también célibe otoñal. Le dice muy excitada: "¡Himenia! ¡Anda en el pueblo el rumor de que un hombre te embarazó!" "No es cierto —suspira Himenia—. Pero gracias de cualquier modo por traerme ese rumor tan bonito".

FLORIBELIA, LINDA CHICA, le dijo a Rosilí: "Ir en el Metro es para mí como una ceremonia religiosa". "¿Por qué?" —se sorprende Rosilí—. Explica Floribelia: "Siempre hay imposición de manos".

LA SEÑORITA HIMENIA Camafría, célibe madura, asistió a la función de lucha libre. Uno de los luchadores fue arrojado del ring y le cayó en el regazo. Cuando hizo el intento de volver a la palestra la señorita Himenia lo detuvo abrazándolo con fuerza. "¡Ah no! —exclama vehementemente—: ¡Lo cáido cáido!"

AFRODISIO PITONGO, HOMBRE proclive a la concupiscencia de la carne, conoció en un bar a una atractiva cincuentona y trabó conversación con ella. Después de varias copas le dijo la mujer: "¿No has pensado nunca en tener sexo con una madre y su hija?" La insólita pregunta pilló descuidado al erotómano. A pesar de su libídine extremada jamás había pasado por su mente tan pervertida idea. Consideró, sin embargo, que si la mujer estaba todavía de muy buen ver, seguramente su hija estaría de mejor tocar. Respondió entonces: "Muchas veces he fantaseado acerca de eso". "Pues ésta es tu noche de suerte" —le dijo con sonrisa sugestiva la señora—. Fueron a la casa de ella. Entraron. Y grita la mujer: "¡Ya conseguí uno, mami!"

SE QUEJABA LA señorita Himenia Camafría, madura célibe soltera: "Mi vida sexual es sumamente pobre: se reduce a las apreturas en el Metro".

DULCILÍ, MUCHACHA INGENUA, le anunció a su mamá con gemebundo acento que estaba en trance de ser ella también mamá. Se hallaba, para decirlo con claridad mayor, ligeramente embarazada "¡Mano poderosa!" —profirió la señora usando una antigua jaculatoria. Aclara Dulcilí tímidamente: "No fue con la mano, mami".

EL ENCARGADO DE la tienda le mostraba a Celiberia Sinvarón, madura señorita soltera, la última novedad en materia de relojes. Era la estatua en tamaño natural de un apolíneo atleta, sin nada de ropa encima, que se cubría lo estrictamente necesario con un reloj de cuco. "Y cuando da las horas —le dice el hábil vendedor a la señorita Celiberia— ¿a que no me adivina qué sale por la puertita?"

HIMENIA CAMAFRÍA, MADURA señorita soltera, fue a la corte donde juzgaban a los delincuentes. El primero en pasar a juicio fue un ladrón especializado en forzar cerraduras. "Que muestre su herramienta" —pide el fiscal—. El ratero exhibe su colección de ganzúas. El segundo era un violador. "¡Enciérrenlo inmediatamente!" —demanda el fiscal—. Pregunta la señorita Himenia, disgustada: "¿A él no le va a pedir que enseñe la herramienta?"

HIMENIA CAMAFRÍA, MADURA señorita soltera, iba por un oscuro callejón cuando le salió al paso un joven y apuesto ladrón. "Déme su dinero". La señorita Himenia le entrega su monedero, y el caco se dispone a irse. "Es usted un mal ladrón, jovencito —le dice la señorita Himenia con un mohín de coquetería—. Podría traer más dinero escondido en el brasier".

BRAD PITT LA miró con ojos en los que había inmenso amor. Luego se acercó a ella poco a poco, y tomándola delicadamente por los hombros la atrajo hacia sí. La señorita Himenia, soltera ya madura, temblaba como una colegiala. Brad le alzó el rostro con la mano y puso en sus labios un beso suavísimo, tan suave y leve como el roce que en el aire deja un ala de ángel. La rodeó, ansioso, en el cerco de sus brazos y la estrechó junto a su corazón. Luego, como si un oleaje de amor y deseo los envolviera súbitamente, arrollador, empezó a besarla ya no con la ternura de antes, sino con desbordada pasión de hombre que arde en deseos largamente contenidos y lame, y muerde, y devora. Ella se sentía desfallecer. Su cabeza era un torbellino; ya no podía recordar la cadena de acontecimientos que la llevó a aquel maravilloso instante. ¡Ella, una mujer vacía, solitaria, verse de pronto amada por aquel hombre famoso, modelo de apostura masculina, galán que arrebataba la imaginación de millones de hembras en el mundo! Se abandonó a sus caricias, y apenas pudo murmurar con voz salida de su más íntima esencia de mujer: "¡Brad! ¡Brad!" Esas palabras bastaron para que él supiera que tenía rendida la voluntad de la mujer que temblaba entre sus brazos. La levantó en ellos como una tempestad eleva un pétalo de flor, y empezó a subir la amplia escalera que conducía al segundo piso. Sus pasos, ahogados por la gruesa alfombra roja, sonaron sin embargo en el corazón de Himenia como el acompasado péndulo de un reloj que señala el minuto de la felicidad. Llegaron a la alcoba. El amplio lecho —de satén las sábanas que en el silencio de la habitación abrían su blancura como pupilas desveladas— la recibió sin ruido cuando él la depositó como en el ara es puesta la víctima que anhela el sacrificio. Brad, sin apartar de ella la intensa mirada de sus ojos de lobo, empezó a quitarse la camisa con lentos, morosos movimientos. "¿Qué vas a hacer, Brad?" —preguntó con tremulosa voz la señorita Himenia—. Un gesto de confusión apareció en el viril rostro de Brad. "No sé —respondió desconcertado—. Tú eres la que está teniendo este sueño".

LLEGA UNA DAMA algo madura a las puertas del penal y dice al oficial de guardia: "Vengo a la visita conyugal". "¿Con quién? —pregunta el hombre sacando su libre de registros—. "¡Con el que sea! —responde ansiosamente la madura dama—.

EL FAMOSO VIOLADOR asaltó en un oscuro callejón a la señorita Himenia Camafría, madura señorita soltera. De eso pedía sus pilones la perpetua célibe: terminado el trance a cuyo fin tendía el asalto ella asió al hombre con tal fuerza que el famoso violador se vio en la precisión de cometer su delito nuevamente. Ni con eso lo soltó la señorita Himenia: el famoso violador tuvo que reincidir. Y luego una vez más. Agotado, laso, desmadejado y abatido, sin fuerzas para desasirse, el famoso violador le pregunta a la señorita Himenia con feble voz que apenas se escuchó: "¿Qué no va a llamar a la policía?"

HIMENIA CAMAFRÍA, MADURA señorita soltera, fue a una fiesta. "Me encanta ese tenor —platicaba la dueña de la casa—. Lo que más me gusta de él es su *Rigoletto*". "¿Tan íntimamente lo conoces?" —baja la voz la señorita Himenia—.

"NO, HIMENIA —LE dice Celiberia, madura señorita soltera a su amiga, también madura y soltera como ella—. Definitivamente no creo que si ponemos en la puerta de la calle la palabra 'Hombres', como en los baños, alguno pueda entrar".

UN BROMISTA LE tapó los ojos a Himenia Camafría, madura señorita soltera, y luego le dijo: "Si no adivinas quién soy tendrás que acostarte conmigo". Responde con vehemencia la señorita Himenia: "¿Don Benito Juárez? ¿Don Porfirio Díaz? ¿Don José María Morelos y Pavón?"

HIMENIA CAMAFRÍA, MADURA señorita soltera, acudió llena de congoja a confesarse con el padre Arsilio. "Cuando apago la luz para dormirme —le dice— se me aparece en la imaginación un gran negro del Congo, y me deleito con el pensamiento de todo lo que me hace". "Reza, hija mía —le aconseja el bondadoso sacerdote—. La oración es el medio mejor para acabar con las tentaciones. El segundo medio mejor es caer en ellas. También así se acaban. Sin embargo en tu caso recomiendo la oración". La señorita Himenia agradece el consejo. Un par de meses después vuelve otra vez al confesonario. "¿Has rezado antes de dormirte, como te sugerí?" —le pregunta el padre Arsilio—. "Sí, señor cura —responde la señorita Himenia—. Ni una sola noche he dejado de rezar. Pero, la verdad, extraño al negro".

CELIBERIA SINVARÓN, MADURA señorita soltera, fue a un bar para solteros. En la barra un apuesto caballero se vuelve hacia ella y la saluda: "Buenas noches". "¡Ay, qué labia tienes! —le responde con una gran sonrisa Celiberia dándole un familiar codazo—. ¡Ya me convenciste! Está bien, vamos a mi departamento".

SOLICIA SINPITIER, MADURA señorita soltera, entabló conversación en el bar de conocido hotel con un guapo muchacho. "Toda mi vida —le dice— he deseado hallar un hombre que me haga sentir mujer". Después de un par de copas el apuesto galán la invita a ir a su cuarto. Solicia aceptó de mil amores. De dos mil más bien, así era de vehemente su deseo. Llegados a la habitación el joven clava en ella una mirada penetrante y le pregunta con insinuante voz: "¿De veras quieres que te haga sentir mujer?" "¡Sí, sí!" —exclama ella con urente afán. "Muy bien —dice el muchacho—. Plánchame esta camisa".

LAS DOS SEÑORITAS solteras hacían sus compras de la temporada. "Dime, Solicia —pregunta una—. Lo que quieres para Navidad, ¿cabría en dos medias en la chimenea?" "No, Celiberia —responde la otra con tristeza—. Cabría más bien en dos calcetines en la recámara".

HIMENIA CAMAFRÍA, MADURA señorita soltera, se quejaba amargamente con su amiga Celiberia Sinvarón. "Mis padres —le contaba— me hablaron oportunamente de los pajaritos y de las florecitas. Pero ¿de qué me sirvió eso? Hasta la fecha a mi florecita no ha llegado ningún pajarito.

SOLICIA SINPITIER, MADURA señorita soltera, llegó con retraso a la cita que tenía con una amiga. "¿Por qué vienes tan tarde?" —le pregunta ésta—. Responde la señorita Solicia: "Es que un hombre me venía siguiendo". "Ya entiendo —dice la amiga—. Y tuviste que llamar a un policía". "No —contesta la señorita Sinpitier—. Lo que pasa es que el hombre caminaba muy despacio".

LA CAFETERÍA ESTABA atestada, de modo que la señorita Peripalda tuvo que compartir la mesa con una chica de modales desenfadados. Lo primero que hizo la muchacha fue sacar un cigarrillo y encenderlo. Eso molestó mucho a la señorita Peripalda. Le dice a su ocasional compañera: "¡Antes preferiría cometer adulterio que fumar en la mesa!" Responde la chica: "Yo también, pero en mi trabajo me dan nada más media hora de descanso".

HIMENIA CAMAFRÍA, MADURA señorita soltera, tenía una amiga casada. Un día fueron a tomarse un cafecito, y entraron en el terreno de las confidencias. La señorita Himenia le contó a su amiga un secreto de su vida: "A mí me fue muy mal con los hombres —le dice—. Muchas veces me dejaron vestida y alborotada". Confiesa la otra: "Pues a mí me ha ido peor. Mi marido me deja siempre desvestida y alborotada".

SIGUE AHORA LA narración de un interesante episodio en la vida de la señorita Peripalda. Ya sabemos que es catequista, célibe madura, llena de la pudicia y el recato que impone a las mujeres la vida en un pequeño y levítico pueblo regido todavía por las costumbres de antes. Compró ella un boleto de la rifa organizada por la cofradía de san Juan Bautista, patrono de los fontaneros, y su número salió premiado, cosa en verdad extraordinaria si se considera que la señorita Peripalda jamás había recibido nada de la vida, si se exceptúa la vida misma. El premio consistía en un viaje (en autobús) para una persona a la Ciudad de México, y estancia ahí durante cuatro días. Eso preocupó mucho la señorita Peripalda, pues ansiaba disfrutar el premio, pero sabía que la capital de la República, como toda gran metrópoli, es sitio donde abundan las ocasiones de pecado. Más todavía se angustió cuando supo que el hotel donde se alojaría estaba en la Zona Rosa. Había oído decir que, comparadas con ese lugar, las bíblicas ciudades de Sodoma y Gomorra eran una inocente Disneylandia. Pero, en fin, no era cosa de dejar que se perdiera el premio. La señorita Peripalda se encomendó a santa Eduwiges de Hungría, su celestial patrona, y a san Cristóbal, protector de los viajeros, y se colgó al cuello los benditos escapularios de todas las cofradías de que era socia. Así fornida emprendió el viaje a México. Regresó días después, y sus amiguitas le organizaron una merienda para darle la bienvenida y oír el relato de sus experiencias. Ante el silencio general empezó a narrar la señorita Peripalda con voz grave y solemne: "La Ciudad de México es una urbe de pecado. Lo que en ella vi no es para describirse, y si lo cuento es sólo porque ustedes me lo piden. Lo peor es esa horrible Zona Rosa. Hay ahí hombres que se besan con hombres. Les dicen gays. Hay también mujeres que se besan con mujeres. Les dicen lesbianas. Y hay hombres que por dinero les hacen el amor a mujeres que les pagan sus favores". "¡Qué barbaridad!, exclama azorada una de las amigas—. Y a esos hombres, ¿cómo les dicen?" Responde la señorita Peripalda: "No sé las demás mujeres. Yo al mío le decía: 'Papacito'".

HIMENIA CAMAFRÍA, MADURA señorita soltera, le dice a su amiguita Solicia Sinpitier, célibe como ella: "Me han dicho que a la caída de la tarde ronda por este parque un violador". Responde muy preocupada la señorita Sinpitier: "Pero si nos quedamos, ¿no llegaremos tarde a la cena?"

LA SEÑORITA PERIPALDA, catequista, hizo un viaje por autobús, y le tocó ir sentada al lado de un hombre joven que le sacó plática. Ella respondió, no obstante su deseo de aprovechar el trayecto para entregarse a la meditación piadosa. En el curso de la conversación el joven expuso sus ideas sobre la vida. Esas ideas eran hedonistas: sólo el placer y la felicidad justificaban la existencia. Los únicos valores reconocidos por aquel epicureísta eran el vino, las mujeres y el canto. Si acaso, declaró, podría renunciar al canto. Le dijo con gran severidad la señorita Peripalda: "Joven: veo que tenemos ideas diferentes, y por completo opuestas. Usted profesa la doctrina del placer. Yo, en cambio, creo en el mérito de las penitencias y mortificaciones. No coincidimos absolutamente en nada". "Se equivoca usted, señorita —dice el joven—. Estoy seguro de que podríamos hallar alguna coincidencia entre nosotros". "Lo dudo mucho" —replica con acritud la catequista. "Se lo demostraré —contesta el muchacho—. Vamos a suponer que en un hotel hubiera escasez de habitaciones, y que le dieran a escoger a usted entre compartir la cama con una mujer o con un hombre. ¿Con cuál de los dos se acostaría usted?" "Con la mujer, naturalmente" —se indigna la señorita Peripalda. "¿Lo ve? —exclama triunfalmente el joven—. ¡Yo también!"

SUEGRAS

LLEGÓ LA SUEGRA a pasar "unos diítas" en casa de su hija y de su yerno. Pero pasaron las semanas, y los meses, y la buena señora no se iba. El yerno compró una escoba y la puso en la habitación de la mujer. "¿Por qué pones esa escoba en el cuarto de mamá?" —le pregunta amoscada su esposa—. Explica el individuo: "Es que a lo mejor no tiene en qué irse a su casa".

MI SUEGRA ME trata como a un hijo" —decía un tipo—. "¿Te quiere mucho?" —le pregunta alguien—. "No —dice el tipo—. Me trata como a un hijo... de la tiznada".

LE RECLAMA LA suegra al yerno: "¿Por qué no me regaló usted nada en Navidad, Genaro?" Responde el yerno: "Porque estoy muy sentido con usted, suegra. El año pasado le regalé un lote en el panteón y no lo usó".

"¿ESTÁS SEGURO, YERNO, de que así se hace la cochinita pibil?" "Así se hace, suegra. Usted ya no diga nada y métase en el horno".

PLATICABAN LOS AMIGOS en el club. El tema eran las suegras. Casi todos se quejaban de sus mamás políticas, y referían los conflictos que afrontaban con ellas de continuo. Dice uno, sin embargo: "Pues yo tengo algo en común con mi suegra. Tanto ella como yo pensamos que su hija debió haberse casado con otro hombre".

DOÑA HOLOFERNES LES cuenta a sus amigas: "El otro día mi yerno me abrió la puerta del coche para que me bajara". "Qué atento" —dice una—. "Ni tanto —mascula doña Holofernes—. En ese momento íbamos a 130 kilómetros por hora".

EL YERNO SE presenta indignado ante los papás de su esposa. "¡Oigan!" —les dice—. ¡Rosibel acaba de tener un hijo!" "¡Felicidades!" —exclaman a dúo los papás—. "¡Cómo que felicidades! —protesta el yerno—. Apenas llevamos dos meses de casados". "¿Y qué?" —preguntan los papás—. "Que antes de la boda yo no hice nada con ella, y un embarazo tarda nueve meses". "Ay —dice la señora—. A Rosibel nunca le hablamos de estas cosas. Qué va a saber ella de cuánto debe durar un embarazo".

LA SEÑORA ESTABA atareada en la cocina. Llega su esposo y le informa: "Hace media hora el ropero le cayó encima a tu mamá". "¡Eterno Cielo! —clama la mujer, que en cosa de interjecciones tendía a lo dramático—. ¿Y por qué hasta ahora me lo dices?" Contesta el tipo: "Es que no podía hablar: me agarró la risa".

LA SEÑORA CONTESTA el teléfono y luego dice llena de angustia a su marido, que leía el periódico en la sala: "¡Belarmino! ¡Mamá acaba de chocar!" "¿Y qué le pasó?" —pregunta sin apurarse mucho el tipo—. "Por fortuna parece que nada —responde la señora—. Rasguños nada más". Vuelve a preguntar el marido: "¿Y cómo quedó la escoba?"

"¡VEN PRONTO, VIEJO! ¡Mi mamá está en la tina de baño con unas convulsiones muy fuertes!" "Échale la ropa. De perdido que sirva de lavadora".

LA SEÑORA LE dice a su marido: "Si mi mamá viene a vivir con nosotros tendremos que mudarnos a otra casa". "De nada servirá —suspira con tristeza el esposo—. De cualquier modo nos encontraría".

WILDERIO, HIJO ÚNICO de su mamá, era un muchacho de modales demasiado finos para frontera. Pese a eso, obligado por su señora madre, cuya ilusión era tener un nieto, Wilderio cortejó a una chica y se casó con ella. Fueron los recién casados a su luna de miel. Cuando regresaron la mamá de Wilderio le dice: "Espero que tu esposa ya venga embarazada. Bien sabes lo mucho que anhelo ser abuela". "Yo también espero que venga embarazada —replica con ansiedad Wilderio—. No me gustaría pasar por eso otra vez".

SURREALISTAS

¿QUÉ LE DIJO el plátano a la gelatina? Le dijo: "¡Uh! ¡Todavía ni me encuero y ya estás temblando!"

EL DIMINUTO ESPERMATOZOIDE llegó al óvulo y lo fecundó. Le dice el óvulo: "¿Cómo fue que entre millones de espermatozoides fuiste el primero en llegar aquí?" Responde el diminuto espermatozoide: "Es que fui el único que me detuve a preguntar direcciones".

EL VERDUGO ESTABA hablando por teléfono. Dice de pronto: "Después te llamo. Ahora tengo que colgar".

ESTA HISTORIETA ES algo surrealista. Había un campo nudista para confetis. Cierto día entró en él una tachuela. Le comenta en voz baja una confeti a otra: "Ha de ser nuevo. No puede ocultar su excitación".

:·)

TOREROS

CURRO COJINES, TORERO de gran fama, llamó por teléfono a su esposa y le dio la infausta noticia: había recibido una cornada en cierta parte cuyo nombre no podía mencionar. "¡Ozú! —exclama la señora, que era de Ixmiquilpan, pero se sentía en el deber de hablar como andaluza—. ¿El toro te empitonó?" "No —responde con feble voz el diestro—. Me empitosí".

SUENA EL CLARÍN que anuncia el principio de la corrida de toros, aparece el matador en la puerta de cuadrillas y echa atrás la cabeza en gallardo gesto de saludo. Con el brusco movimiento la montera se le cae, pero rápidamente el matador echa la mano atrás y la pesca. "Suerte, mataó" —le dice el peón que estaba atrás—. "Grazias" —responde el torero, y apretando fuerte la montera que lleva a su espalda echa a caminar por medio del anillo de la plaza—. "Suerte, mataó" —repite el subalterno caminando también—. "Grazias" —dice otra vez el diestro cogiendo más firmemente la montera para que no se le caiga—. "Suerte, mataó" —insiste el otro—. Entonces sí el torero se disgusta—. "Hablar menos —dice al otro sin voltear y sin dejar de caminar—. Ya me has deseado suerte por tres veces". "No, mataó —le dice el peón hablando con dificultad—. Le digo que suerte. Lo que agarró no era la montera".

SEXO

VARIOS HOMBRES JÓVENES tomaban el sol en la playa. Uno de ellos, por travesura, dijo a los demás: "Tenemos ya bronceado todo el cuerpo menos aquellita parte. Cubrámonos con arena y dejemos expuesta sólo esa porción". Así lo hicieron todos, en efecto. Acertaron a pasar por ahí las señoritas Himenia Camafría y Solicia Sinpitier, maduras célibes. Al ver aquello Solicia exclama, pesarosa: "¡Caramba! ¡Nunca pude tener una de ésas, y cuando ya me estaba olvidando de ellas resulta que ahora crecen hasta en estado silvestre!"

UNA SEÑORA EMPOBRECIDA por la crisis se vio obligada a vender su sangre en una clínica. Cuando la pasan con la enfermera ésta le pregunta: "Y usted, ¿vende su sangre o la dona?" "Por ahora vendo la sangre —responde la señora—. Pero si las cosas siguen como van tendré que empezar a vender también la dona".

SANTA CLAUS BAJÓ por la chimenea y en la sala se topó con la linda señora de la casa, una joven mujer de esculturales formas cubierta sólo por un vaporoso negligé que dejaba ver todos sus encantos. Le dice ella a Santa Claus con insinuante voz: "No tengo galletitas ni leche, Santa. Pero puedo ofrecerte otra cosa. Y tendrás que aceptar mi ofrecimiento pues, según lo que estoy viendo, así no vas a poder subir por la chimenea".

LA MUCHACHA SUBIÓ al autobús en el que haría un largo viaje y se dio cuenta de que no había asiento para ella. Se resignaba ya tristemente a hacer de pie el largo recorrido cuando un ancianito se levantó y caballerosamente dijo a la muchacha: "Señorita, permítame usted cederle mi asiento". Con un suspiro de alivio la muchacha ocupa el lugar del ancianito y hace cómodamente el viaje. Cuando el autobús llega a su destino, al bajar le dice la muchacha al ancianito: "Señor, no tengo con qué pagarle lo que hizo por mí". Responde con tristeza el viejecito: "Tú sí tienes con qué pagarme, hija. Yo soy el que no tengo ya con qué cobrarte".

LLEGA UN VIEJITO a una casa mala. Ya en la habitación la muchacha que lo iba a atender lo ve y le dice: "Oiga, abuelo, se echó usted mucho talco". "No es talco, niña —responde el viejecito—. Es yeso. Ponle agüita".

EL AUTOBÚS IBA atestado, el viaje era muy largo y Susiflor estaba muy cansada, de modo que aceptó la invitación que le hizo un joven para que se sentara en sus rodillas. A poco de andar dice nerviosa Susiflor: "Perdone joven, siento algo que me cala". "Discúlpeme, señorita —se apena el muchacho—. Es mi pipa". Tercia un señor de edad madura: "Venga a sentarse en mi regazo, jovencita. Yo ya hace como 20 años que no fumo".

DON VETULIO, SEÑOR de edad madura, le dijo a Pirulina, muchacha de buen ver: "Si lo haces conmigo te daré mis ahorros de diez años". Pensando en lo cuantioso de aquel pago la pecatriz aceptó el reprensible trato de fornicio. Acabado el trance ella le recuerda a su amador: "Dijiste que me ibas a dar tus ahorros de diez años". Contesta don Vetulio: "Ya te los di".

DON SENILIO, SEÑOR de edad madura, fue a consultar al médico. "Doctor —le dice—, quiero que me dé algo, porque en cuestión de sexo yo ya no". "¿Cuántos años tiene?" —pregunta el galeno—.

"Setenta" —responde don Senilio—. "Entonces me lo explico —dice el médico—. A esa edad el sexo ya no se da muy bien". "Posiblemente —acepta don Senilio—. Pero yo he oído de hombres mayores que yo que todavía ejercen". "También eso es natural —dice el doctor—. Mire, esto del sexo lo vamos a hacer determinado número de veces en la vida. Lo hacemos esas veces, se acaba el sexo. Es como si tuviera usted una ristra de mil cohetes. Avienta sus mil cohetes al aire, llega el momento en que no tiene más cohetes que aventar". "Quizá sea así, doctor —rezonga don Senilio—, pero francamente no creo haber aventado al aire mis mil cohetes". Replica el médico: "También tiene que contar todos los que le tronaron en la mano".

TURISTAS

UN RICO MAHARAJÁ de la India se enamoró de la esposa de un turista. Le propone a éste: "Le doy el peso de su mujer en oro si me la deja aquí". "Caray —responde el hombre rascándose la cabeza—. Necesito un mes". "¿Para pensarlo? ¿Para despedirse de ella?" —pregunta el maharajá—. "No —replica el turista—. Para engordarla". (Se recomienda una dieta rica en grasas y carbohidratos. Podría dar buenos resultados un régimen a base de gorditas, pambazos, tacos, memelas, flautas, peneques, sopes, garnachas, tlacoyos, molotes, quesadillas, clayudas, panuchos, enchiladas, burritos, chalupas, pellizcadas, bocoles, salbutes y tostadas, con añadidura de puchas, mamones, roscas, peteretes, alamares, chamucos, morelianas, picones, apasteladas, turcos, mostachones, cuernos, conchas, orejas, morelianas, peteneras, rodeos, marquesotes, monjas, trenzas, buñuelos, turuletes, polvorones, soletas, bizcochos, molletes y hojarascas. *N. del A.*)

AL TIPO AQUEL le gustó la señora de Venancio, una andaluza muy maja y bien plantada. Acechó la hora en que el abarrotero salía de su casa y se le presentó a la mujer. "Señora —le dijo—, no me andaré por las ramas. Me gusta usted mucho. Estoy dispuesto a darle mil pesos si me favorece con sus encantos". La señora se indigna. "Está bien —dice el tipo—. Le doy cinco mil". La mujer tartamudea algunas frases de resistencia. "Le haré una última oferta —insiste el otro—. Diez mil pesos". La mujer piensa en todo lo que podrá comprarse con ese dinero, acepta el trato, y desquita generosamente la cantidad que el tipo le entrega. Por la noche llega Venancio. "Vino un hombre hoy en la tarde, ¿verdad?" —pregunta a su mujer—. Ella se espanta. "Sí". "¿Y te dio diez mil pesos, ¿no?" "Sí" —responde temblorosa—. "¡Vaya! —exclama entonces Venancio muy contento—. ¡El primer mexicano honrado que veo!

Me pidió ayer diez mil pesos de mercancía, y como había olvidado la chequera me dijo que hoy me los dejaría contigo".

DOS MADRILEÑOS VISITABAN México. En cierta calle vieron a unas mujeres muy pintadas que lucían costosos vestidos y llamativas joyas. "Oye, Isidro —dice uno de los de la villa y corte a su compañero—. Me habían dicho que México está en crisis, y sin embargo mira a estas señoras. ¿Cómo le harán para tener esa ropa y esa pedrería?" Una de las aludidas contesta desafiante: "Podemos". Y dice el madrileño: "¡Caracoles! ¡Qué raro pronuncian aquí la letra J!"

IBA POR EL campo el turista en su automóvil, cuando se le atravesó un gallo y lo atropelló. Salió una viejita de su jacal, y al ver muerto al pajarraco prorrumpió en agudos gritos plañideros. "No se mortifique, señora —trató de consolarla el turista—. Yo reemplazaré su gallo". "¡Qué lo va a reemplazar! —responde la anciana entre sus lágrimas—. ¡A poco van a quererlo las gallinas!"

UNA GUAPA TURISTA viajaba en su automóvil por las vastas planicies de Arizona. En un camino rural el vehículo dejó de funcionar a causa del intensísimo calor propio de los desiertos arizónicos. Seguramente la escultural mujer habría muerto de insolación y sed de no haber sido porque pasó un piel roja en su caballo, y le ofreció llevarla en ancas del corcel hasta el siguiente pueblo. Así lo hizo, y la dejó sana y salva en el *saloon* del lugarejo. Ahí contó su aventura la viajera. "El indio me trajo en ancas de su noble bruto —narró a los circunstantes—. Algo me llamó la atención: cada 15 minutos el piel roja lanzaba un alarido formidable, comparado con el cual los estridentes ululatos de Tarzán quedan en leve suspiro de doncella". Le pregunta uno de los parroquianos: "Y usted, ¿qué hacía al oír los estentóreos bramidos del aborigen?" "Nada —responde la mujer—. Seguía en ancas del caballo, agarrada a la cabeza de la silla para no caer". Le dice el parroquiano: "Eso explica los alaridos. Los pieles rojas no usan silla de montar".

EL GUÍA LES narró a los turistas la trágica historia que dio origen al extraño nombre que tenía aquel hermoso lago. "Un bravo guerrero de la tribu sioux —les cuenta— se enamoró de una hermosa doncella de la tribu iroquesa, y ella se enamoró de él. Los iroqueses y los sioux, ya se sabe, eran mortales enemigos, de modo que aquel amor era imposible. Sin embargo todas las noches los amantes se veían en secreto. Él remaba en su canoa hasta la otra orilla del lago, y ahí se encontraba con su amada. Una noche, sin embargo, el bravo guerrero no encontró su canoa. Alguien la había robado. ¿Qué hacer? Su amada lo estaba esperando. Desesperado, decidió atravesar a nado el lago, aunque no sabía nadar. A la mitad del trayecto le faltaron las fuerzas y se ahogó". Luego de una dramática pausa el guía termina su narración: "De ahí el nombre que ahora tiene el lago: Lago del Indejo".

:)

UN TURISTA INGLÉS viajaba por el estado de Texas. En Houston sintió amagos de gripe, y fue a la farmacia en busca de una aspirina. El dependiente fue a la trastienda y regresó con una enorme rueda blanca. La traía rodando, como se hace con las llantas. "¿Qué es eso?" —inquiere el súbdito de Su Majestad británica—. Responde el encargado: "Es la aspirina que usted solicitó. En Texas todo es muy grande; aquí las aspirinas son de este tamaño". "Ya veo —responde con flema el inglés—. Mire: también le iba a pedir un supositorio, pero creo que mejor esperaré a comprarlo en Londres".

UNA GRINGUITA FUE a Tijuana en busca de placer y diversión. Resbaló en el baño del hotel y se lastimó una pierna. Por teléfono llama a un doctor, y en su imperfecto español le cuenta lo sucedido, y le dice que la pierna le dolía mucho. " ¿Y cojeó?" —le pregunta el médico. "¡Oh, no, doctor! —exclama la gringuita—. ¡Con el dolor quién piensa en eso!"

EL TURISTA VISITABA una reservación de indios en el estado de Nueva York. Se le acerca una curvilínea doncella de exuberantes encantos naturales y le ofrece toda esa exuberancia a cambio de un billete de cien dólares. "Es muy caro —contesta el turista—. ¿Cómo cien dólares, si tus antepasados vendieron la isla de Manhattan en veinticuatro?" "Sí —replica con una sonrisa la muchacha—. Pero Manhattan no se mueve".

MISS LADELLE FUNNYFACE, madura maestra norteamericana, célibe, pasó sus vacaciones en Roma. Quería practicar el idioma de Dante y de Pinocho. A su regreso a Buttocksville, Texas, lugar de su residencia, una amiga le preguntó: "¿No tuviste problemas con tu italiano?" "Sí —responde Miss Ladelle—. Todos los días me pedía dinero".

EL PETROLERO TEXANO y su esposa andaban en París. En una mañana adquirieron cuatro Picassos, dos Mirós, seis Renoirs, un Van Gogh, siete Monets, tres Cézannes y catorce Dalíes. "Muy bien, Bucky Dough —dice el texano a su esposa—. Ya tenemos las tarjetas de Navidad; vamos a comprar ahora los regalos".

UNA TURISTA REGRESÓ de un viaje por Europa oriental. Fue con el médico, pues sentía ciertos malestares. Le pregunta el especialista: "¿Tuvo usted un chequeo durante su viaje?" "No, doctor —responde ella—. Tuve nada más dos húngaros, un polaco y cuatro rusos".

AQUEL SEÑOR NO había estado nunca en un hotel como ése. Era ultramoderno: en él todo se hacía por medio de aparatos. Vio uno con un letrero que decía: "Su peluquero lejos de casa". Metió en el aparato la cabeza y la sacó con un corte de pelo perfecto. Vio otro: "Su barbero lejos de casa". Acercó el rostro y recibió una afeitada que mejor no se podía pedir. Vio un aparato más: "Su co-cinera lejos de casa". Oprimió el botón y tuvo ante sí una comida deliciosa. Por último en la alcoba vio otro aparato. El letrero decía: "Su esposa lejos de casa". Anheloso, el señor puso en el aparato el suyo y luego accionó el mecanismo. Se escuchó un leve zumbido y el hombre lanzó un terrible grito de dolor: el aparato le había cosido un botón "ahí".

EN EL MUSEO de Armas el guía mexicano se esforzaba por explicar las cosas a un turista que no hablaba español. Llegaron a una vitrina donde estaba una ametralladora, y pregunta en inglés el visitante: "*Is this the machine gun?*" "No, *mister* —responde el mexicano—. El más chingón es el cañoncito aquel. Chiquito, chiquito, pero buenos pelotazos que aventaba".

VAGABUNDOS

HOBO Y TRAMPACIO, vagabundos, pasaron frente a un restaurant en cuyo escaparate se exhibían suculentas viandas. Propone Hobo: "Imaginemos que estamos comiendo esos manjares. Así engañaremos el hambre". Se aplicaron ambos a la contemplación de los platillos. En eso pasa una estupenda rubia. Trampacio se le quedó viendo con intensidad, y de pronto cayó al suelo sacudido por fuertes convulsiones. Le dice Hobo: "¿Ya ves? Eso te pasa por follar después de comer".

UN PEDIGÜEÑO SE acercó al elegante señor y le pidió con lamentosa voz: "Caballero: ¿podría usted regalarme 725 pesos para una taza de café?" "¡Truhán desvergonzado! —bufó el otro sin recordar su calidad de caballero—. ¡Bellaco inverecundo, desfachatado perillán! ¿Por ventura una taza de café cuesta 725 pesos?" "Ya sé que no, señor —responde el pordiosero humildemente—. El café cuesta 25 pesos. Pero las damas de la noche cobran 700 por una hora de amor, y la cafeína siempre me pone cachondón".

EL ASTROSO MENDIGO tendió la abierta mano al solemne señor en solicitud de una moneda. Le dice éste con campanuda voz esgrimiendo un admonitorio dedo índice: "La limosna mal dada humilla al que la recibe y ensoberbece al que la da. William Shakespeare". Responde sin vacilar el pordiosero: "Tizne *usté* a su madre. Renato Leduc".

"SEÑOR —SUPLICA UN limosnero al elegante señor que sale del banco—. ¿Me regala 500 pesos para tomarme una copita de mezcal?"

"¡Oiga! —se indigna el caballero—. ¡Una copita de mezcal no cuesta 500 pesos!" "Ya sé que no —reconoce el limosnero—. Pero nomás me tomo una y me dan ganas de ir con las muchachas".

‿

VAPOR

MEÑICO FUE AL baño de vapor y vio ahí a un sujeto que a más de poderosos músculos mostraba en la zona de la bragadura haber sido dotado con prodigalidad espléndida por la Naturaleza. Meñico, en cambio, presentaba en ese rubro el equivalente a un cinco de canela, y mal despachado. Sin poderse contener Meñico va con el lacertoso tipo y sin envidia alguna lo felicita cordialmente. Le dice: "Mire nomás, amigo, qué bien le fue a usted en el reparto de entrepierna, y en cambio yo por poco no alcanzo nada". El sujeto lo mira y le pregunta: "Dígame una cosa: ¿le funciona bien?" "Sin fallar nunca —responde con ufanía Meñico—. Jamás me ha hecho quedar mal". Al oír eso el hombre exclama suplicante: "¡Se la cambio!"

VAQUEROS

"LA MEJOR TEMPERATURA de la mujer es bajo uno". Eso decía Dikeh Tyllib, famoso *cowboy* que a más de ser machista era disléxico. Nunca contrajo matrimonio Dikeh, pues prefería su pistola, una Colt 44, a cualquier mujer. Razonaba así su preferencia: 1. A la pistola le puedes poner silenciador. 2. Nadie te dirá nada si tienes una pistola en casa y otra para divertirte. 3. Si tu 44 ya no te gusta la puedes cambiar por un par de 22. 4. Tu amigo no se molestará si le dices que su pistola está muy buena, y hasta te dejará que la pruebes. 5. La pistola no ocupa todo el clóset. 6. La pistola funciona todos los días del mes. 7. A la pistola no le importa si te duermes inmediatamente después de haberla usado. 8. Tampoco le importa si tu dedo de disparar es muy pequeño. 9. Una pistola jamás se quejará de que disparas demasiado pronto. Y, finalmente: 10. La pistola nunca buscará otro que la use cuando a ti se te ha acabado ya la munición.

LOS VAQUEROS VIERON a un indio tendido en medio del camino, con la oreja pegada al suelo. "Carro grande —dice el indio—. Cuatro mulas: una torda y tres coloradas. Lleva familia: hombre alto, de bigotes; mujer con trenza; niño y niña rubios; perro, gato y canario". "¿Cómo sabes todo eso? —pregunta uno de los vaqueros con asombro. Responde el indio: "El carro me acaba de pasar por encima".

NUBE BLANCA, LA hija de Toro Sentado, lloraba desconsoladamente. "¿Por qué llorar tú, hija de gran jefe?" —le pregunta su padre—. Responde gemebunda la bella piel roja: "Búfalo Macho, mi marido, haber matado a hombre blanco. Quitarle la pistola y ponérsela en la cintura. Pistola dispararse". Al decir eso Nube Blanca estalla en sollozos: "¡Y ahora Búfalo Macho ser Búfalo Mocho!"

ÉSTA ES LA historia del vaquero ingrato. Atacado por los indios fue herido de un flechazo. Para salvar la vida escapó a todo galope en su caballo y se internó en el desierto de Mojave. Herido, sin agua, bien pronto el agobiante sol lo hizo perder el sentido. Cayó el vaquero del caballo, e iba a morir seguramente. Pero ¡oh maravilla! El caballo tomó con los dientes el sombrero y galopó hasta encontrar un charco de agua. Llenó con ella el sombrero, regresó a donde estaba su amo y le dio a beber el agua. Luego lo arrastró hacia una cueva donde estaría protegido del sol. A toda prisa fue después el caballo hasta el pueblo donde vivía su amo, y dirigiéndose al consultorio del doctor, a quien conocía bien, lo sacó empujándolo con la cabeza y lo guió hasta donde estaba el vaquero desmayado. Así, gracias a su caballo, el *cowboy* salvó la vida. Semanas después un reportero que se enteró de la historia entrevistó al vaquero. "Pienso —le dice— que su caballo es el animal más inteligente de este lado de las Rocallosas". "No se crea —responde el vaquero ingrato con desdén—. El muy indejo me llevó un veterinario".

EL NOVEL PISTOLERO llegó al *saloon* de Laramie y se llevó una gran sorpresa: ahí estaba Doc Holliday, el legendario tirador, la pistola más rápida de todo el salvaje Oeste. Se dirige a él. "¿Es usted Doc Holliday?" *"That's me"* —respondió el célebre personaje sin consideración alguna para los lectores de habla hispana—. Y al decir tal cosa se hizo a un lado el faldón del saco para dejar al descubierto su pistola, acostumbrado como estaba a ser retado por todos los nuevos pistoleros. "No busco pleito —se apresuró a aclarar el novato—. ¿Cómo podría yo, un aprendiz de tirador, atreverme a desafiar a un maestro como usted? Quería solamente pedirle que me vea disparar, y que me dé su opinión sobre mi estilo". *"Sure, son* —responde Holliday incurriendo otra vez en la misma falta de consideración para aquellos que no leen inglés—. Vamos a ver". El joven vaquero abre las piernas, escupe por un lado y se echa hacia atrás el sombrero. Luego, con la velocidad del rayo, saca la pistola y dispara. La bala arrancó la mancuernilla a la camisa del hombre que tocaba el piano en la cantina. A pesar del disparo el pianista siguió tocando como si nada. Hizo girar su pistola el gatillero, la

enfundó y luego, con la misma celeridad flamígera, la sacó por segunda vez y con un nuevo disparo arrancó la otra mancuernilla del
pianista, que tampoco esta vez se inmutó y siguió tocando. Sopla
el pistolero el humeante cañón de su pistola y la vuelve a su funda.
"¿Qué le pareció, maestro?" —le pregunta, ufano, a Doc—. "Tienes
cualidades, muchacho —reconoce Holliday—. Una sola sugerencia
me atrevería a hacerte". "¿Cuál es?" —inquiere el novato—. Le indica
el famoso pistolero: "Ve a la tienda de enfrente y pídele al dueño
que unte muy bien toda tu pistola con abundante sebo de oso, de
modo que quede perfectamente engrasada". Al muchacho le asombró aquel consejo. Pregunta con extrañeza: "¿Para qué tengo que
engrasar mi pistola con sebo de oso?" Le explica Holliday: "Es que
seguramente cuando Wyatt Earp acabe de tocar esa pieza te va a
introducir la pistola allá donde te platiqué". (¡Vaya sorpresa! ¡Quien
estaba al piano era Wyatt Earp, mejor tirador aun que Holliday!
Wyatt era capaz de atinarle una bala en medio de los ojos a un
feferefe a 400 pasos de distancia. El feferefe, *Iridomyrmex humilis*,
es un parásito que anida en la cabeza de las hormigas. *N. del A.*)

¿EN QUÉ SE parecen las películas del oeste y las películas porno?
En ninguna de las dos el protagonista se detiene para volver a
cargar su arma.

VENDEDORES

ABRAHAM, DUEÑO DE una pequeña fábrica de ropa, tenía dos agentes vendedores. Un día los llamó a su oficina y les dijo: "Sus ventas han bajado considerablemente; no están vendiendo nada. He decidido organizar un concurso entre ambos. El que levante más pedidos este mes recibirá como premio una noche de sexo". Pregunta uno de los agentes: "¿Y qué le sucederá al perdedor?" Responde Abraham: "Deberá ponerse a disposición del ganador para que en él haga efectivo el premio".

LLEGÓ UN VENDEDOR de cepillos a una casa. Le abrió la puerta la señora, una mujer guapísima de opimos atributos corporales tanto en la región del norte como en la del sur. La bella dama estaba completamente en *pelletier*. "Me gusta andar así en mi casa" —le informa al estupefacto vendedor. Y lo invita a pasar. "Vendo cepillos" —le dice éste tratando de actuar con naturalidad. "Excelente —responde la señora—. Precisamente es lo que me hacía falta. Tomemos una copa para celebrar esta afortunada coincidencia. Luego iremos a mi recámara y ahí podrá usted hacerme una demostración". En efecto, la señora sirvió un par de copas. Luego los dos pasaron a la alcoba. El agente, nervioso y trasudando, hizo la demostración de su mercadería. La señora, que para entonces daba ya ciertos indicios de aburrirse, le compró un par de cepillos. El vendedor se despidió. Ya afuera le dice el tipo a la señora: "Olvidé comentarle que también vendo cepillos para niños. ¿Tiene usted hijos?" Responde la mujer: "Tengo catorce". "¡Catorce hijos!" —se asombra el agente. "Sí —confirma ella—. No todos los vendedores son tan indejos como usted".

VIAGRA

LLEGÓ A SU casa don Astasio y como de costumbre halló a Facilisa, su mujer, en ruin ayuntamiento de libídine con un mocetón de ingentes atributos corporales. Según el viejo hábito que la frecuencia de esos trances había creado en él, sacó don Astasio del bolsillo de su chaleco la libretita donde tenía escrito un lexicón de fuertes adjetivos *ad hoc* para tales ocasiones. Mojó don Astasio con la lengua el dedo cordial a fin de hojear esa libreta; localizó la página indicada y luego leyó en voz alta los siguientes pésetes referidos a su señora esposa: "¡Zurrona! ¡Grofa! ¡Pispoleta! ¡Mujer de dudosa ortografía! ¡Lumia! ¡Birlocha! ¡Piusa! ¡Carcavera!" Todas esas palabras son eufemismos útiles para no emplear la voz de cuatro letras —primera de ellas una rotunda P— que con mayor efecto y claridad es aplicable en estos casos. Al oírse llamar con tan gravosos adjetivos doña Facilisa le dice a su marido en el tono de quien explica una cosa con paciencia: "Ay, Astasio. ¿No te das cuenta de que gracias a la ayuda de este joven no tendrás que gastar tu dinerito en Viagra?"

˙˙

EN LA FARMACIA un viejecito le pide al encargado: "Déme un frasco de Viagra, por favor. Recibiré esta noche la visita de una dama, y no quiero quedar mal". Al día siguiente llega otra vez el ancianito. "Déme un frasco de linimento para el brazo —pide—. La mujer nunca llegó".

‿

HAY QUIENES AFIRMAN que el Viagra produce accesos de ira. Se toma la pastilla el individuo; observa con alegría el resultado; sale del baño, al natural, y señalándose con el dedo la parte beneficiada le dice orgulloso y feliz a su mujer: "¡ira! ¡ira!"

DON GERONCIO, SEÑOR de edad madura, casó con mujer joven. Al poco tiempo un amigo le pregunta: "¿Cómo te va con tu esposa?" Responde el flamante marido: "La traigo muerta". Inquiere el amigo bajando la voz: "¿Y no has probado a tomar Viagra?"

¿CONOCEN MIS CUATRO lectores la historia del primer caso reportado de muerte por uso de Viagra? Un maduro señor se tomó doce pastillas, y su esposa murió de agotamiento.

VIAJEROS

Dos AGENTES VIAJEROS conocieron en el pueblo a unas muchachas y las llevaron a bailar. Al salir de la disco les hacen una proposición: "¿Qué les parece si vamos a nuestro cuarto del hotel?" Pregunta una de las muchachas: "¿Traen aspirinas?" "No" —responde uno de los tipos, muy extrañado por la pregunta—. "Entonces no vamos" —dicen ellas—. Pasa una semana y los cuatro vuelven a salir. Se repite lo mismo de la ocasión anterior. "¿Vamos a nuestro hotel, muchachas?" "¿Traen aspirinas?" "No". "Entonces no vamos". La tercera vez los agentes se compran una buena dotación de aspirinas. "¿Vamos al hotel?" —vuelven a insistir—. "¿Traen aspirinas?" —pregunta de nueva cuenta una de las chicas—. "Sí". "Entonces vamos". Los agentes preguntan sorprendidos: "¿Por qué ahora que traemos aspirinas sí aceptan ir?" Explica una de ellas: "Es que nos gusta follar hasta que nos duele la cabeza".

EL VIAJERO DE la ciudad le preguntó a Eglogio, ranchero de los Altos de Jalisco, y por lo tanto bien plantado: "¿Cómo hacen ustedes para tener hijos tan sanos y tan fuertes? Los que nosotros tenemos en la ciudad son enfermizos, débiles". Responde el alteño: "Es que por acá nuestros hijos los hacemos nosotros mismos".

EL FORASTERO LES preguntó a las dos hermanas: "¿Cómo se ganan ustedes la vida?" Responde una de ellas: "Cosemos". Y dice el tipo: "Me lo imasinaba".

UN JOVEN PROVINCIANO decidió ir a la Ciudad de México y triunfar ahí. Cuando bajó del tren puso sus velices en el suelo, abrió los brazos y dijo entusiasmado: "¡Caray! ¡No puedo creer que estoy en el Distrito Federal!" Cuando bajó la vista sus velices habían desaparecido. Entonces supo que realmente estaba en el Distrito Federal.

EL AGENTE VIAJERO llega a su casa. Su esposa lo esperaba cariñosa y amable. "Dime qué quieres, viejito —le pregunta—. ¿Pongo té o café?" "Mejor pon-te" —responde el recién llegado—.

EL AGENTE VIAJERO llegó a una granja, y en ausencia del granjero fue atendido por su hija, una atractiva mozallona en flor de edad y de muy buenas carnes. Paseaban por las afueras de la granja cuando vieron a un gallo y una gallina que hacen lo que las gallinas y los gallos suelen hacer con tremenda alharaca y gran estrépito. En esa acción halló el viajero propicia coyuntura para insinuar sus intenciones, y dijo con sugestivo acento a la muchacha: "¡Cómo me gustaría hacer lo mismo!" Responde ella: "Tendrá que aguantarse las ganas. Esa gallina no es nuestra".

EN EL BAR del hotel, el joven viajero entabló conversación con la chica de ubérrimos encantos que bebía su copa ahí, en la barra. Le pregunta: "¿Cuántas copas se necesitan para ponerte beoda?" "Con que me pagues tres —responde ella—. Pero no me llamo beoda".

LLEGÓ UN VIAJERO a cierta pequeña aldea en la montaña. Caminaba en busca de la hospedería cuando vio a un hombre que corría desolado. "¡Corra usted también, forastero!" —le grita el individuo al pasar—. "¿Por qué" —inquiere el viajero, poniéndose al parejo con él. "¡Porque viene el Mochabolas!" —contesta el sujeto sin dejar de correr—. "¿Quién es ése?" —pregunta el visitante corriendo igualmente—. "Es un loco —responde el hombre apresurando la carrera—. Trae un cuchillo, y a todos los varones que tienen tres

les corta uno". "Entonces no corro peligro —se tranquiliza el foráneo—. Yo tengo dos". "Corra lo mismo —le recomienda el otro—.
el Mochabolas primero corta y luego cuenta".

SE DESCOMPUSO EL automóvil de un agente viajero que iba por el
campo. La noche era oscura —quizá por causa de la oscuridad— y
llovía a cántaros. Grandes los cántaros. Vio a lo lejos una lucecita.
(Quién sabe por qué las lucecitas siempre se ven a lo lejos). Fue
hacia ella y se encontró en la casa de un granjero, al cual le pidió
asilo para pasar la noche. "Está bien —concede el hombre—. Pero
tengo una hija joven. Deberá usted prometerme que no intentará
nada con ella". El viajero juró portarse como caballero. El granjero,
entonces, lo condujo a una habitación y lo dejó a solas. Concilió al fin
el sueño el visitante. Dormía el sueño del cansancio cuando alcanzó
a escuchar que se abría la puerta de su habitación. Se enderezó en
el lecho —en los cuentos no hay camas: sólo hay lechos— y vio a
su lado a una hermosísima muchacha cubierta únicamente con una
vaporosa bata de tisú. (Otras versiones afirman que la bata era de
muselina, cretona, shantung, piqué, franela, popelina, chiffon, lamé,
gasa, fular, nansú, organdí, batista, bocací, crepé, rayón o caracul.
N. del A.) La luz de la lamparilla que en la mano llevaba la preciosa
joven alcanzaba a iluminar sus redondeadas formas y la blancura
ebúrnea de su cuerpo. (Si la bata hubiera sido de popelina no se le
habría visto lo ebúrneo a la agraciada joven. *N. del A.*) Le pregunta
la muchacha al viajero con sugestiva voz: "¿Te sientes solo en esta
cama tan grande y fría?" "¡Mucho!" —responde anheloso el tipo
imaginando ya delicias comparadas con las cuales son un tedio
las ofrecidas por Alá a sus fieles—. "Ya no estarás solo —le dice la
muchacha—. Acaba de llegar otro agente viajero".

EL AGENTE VIAJERO sufrió un desperfecto en su coche, y se vio solo
a la mitad del camino. A lo lejos vio brillar una luz. Se dirigió hacia
ella y llegó a la casa de un granjero. Le explicó el predicamento
en que se hallaba y le pidió que le permitiera pasar ahí la noche.
"Podrá hacerlo —le dice el campirano sujeto—. Pero debo advertirle

que no tengo más que una cama libre y en ella duerme…" "Sí, ya sé —lo interrumpe con una salaz sonrisa el viajero—. En ella duerme su hija joven y bonita, y con ella tendré que compartir la cama". "No —responde con extrañeza el granjero—. Tendrá que compartir la cama con mi hijo de 20 años que mide dos metros de estatura, es muy fogoso y está ansioso siempre por liberar las fuerzas de su juventud". En este momento de la narración el viajero, todo desconcertado, vuelve la cabeza hacia los cuatro lectores que tiene el autor y dice mohíno y lleno de disgusto: "¡Chin! ¡Me metí en el chiste equivocado!"

UN AGENTE VIAJERO llegó a un pequeño pueblo. Era sábado en la noche, y el hombre se estaba aburriendo en su cuarto del hotel. Fue al lobby y le preguntó al encargado: "¿Hay alguna vida nocturna en este pueblo?" "Había —responde el individuo—, pero hace una semana se casó".

LA SEÑORA SE queja con su esposo, viajante de comercio: "Cada vez que sales de viaje me preocupo mucho". "¿Por qué? —le dice él para tranquilizarla—. Ya sabes que en cualquier momento puedo regresar". "Eso es precisamente lo que me preocupa" —responde la señora.

VIEJOS

UN SEÑOR DE edad más que madura proponía una tesis más que triste. Decía: "La vida sexual de un hombre atraviesa por tres fases: Primera: sin pagar. Segunda: pagando. Tercera: ni pagando".

LA VIEJECITA LLEGA con el juez. "Un individuo abusó de mí —se queja—. Primero me hizo objeto de tocamientos lúbricos; después me arrancó la ropa poco a poco y por último cebó en mi cuerpo de doncella sus bajos apetitos de concupiscencia". "¡Qué barbaridad! —se consterna el juzgador—. ¿Qué edad tiene usted, si me permite la pregunta?" "Ochenta años" —contesta la ancianita. "Dios santo! —se escandaliza el letrado—. ¡La bestia humana no reconoce límites! Y dígame: ¿cuándo ocurrió la violación?" "En 1941 —dice la viejecita—, poco antes del bombardeo de Pearl Harbor". "¿Y hasta hoy viene a denunciar la violación?" —se sorprende el juez. "Su señoría —responde con un suspiro la viejuca—. Recordar es vivir".

LA SEÑORA HABLABA por teléfono con su hermana, que vivía en otra ciudad. Le pregunta la hermana: "¿Ya se le quitó a la abuela su costumbre de bajar la escalera deslizándose por el pasamanos?" "No hemos podido quitarle esa manía —responde la señora—. Lo único que hemos conseguido es que baje más despacio". "¿Cómo le hicieron?" —se interesa la hermana—. Contesta la señora: "Pusimos alambre de púas en el pasamanos".

LA FRONDOSA MUCHACHA de 30 años acudió con el doctor. "Me casé con un hombre de madura edad —le cuenta—. Todas las

221

noches trato de excitarlo a fin de que me haga el amor, pero él en tres segundos se queda dormido". Pregunta el médico: "¿Qué edad tiene su marido?" Responde la muchacha: "80 años". El facultativo entrega a la muchacha un frasquito. "Tómese una píldora de estas cada noche" —le indica—. "Doctor —pregunta con extrañeza la muchacha—. ¿Y tomándome yo esas píldoras se le aumentará a mi marido la libídine sensual?" "No —contesta el galeno—. Pero también usted se quedará dormida en tres segundos".

LA ANCIANA MADRE con aspecto de Sara García estaba tejiendo, y alguien llamó a la puerta. Fue a abrir la ancianita y ahí estaba su hija, una muchacha espectacular pintada como coche, con zapatos de cintas al tobillo y tacón dorado, medias de malla, falda cortísima, gran escote y bolsa de chaquira. La viejecita se sorprende, pues hacía mucho tiempo que no veía a su hija. "Hola, mamá —sonríe la muchacha—. ¿Soy o me parezco?" "Ay, hijita —suspira la señora meneando la cabeza—. Pues si no eres sí que lo pareces".

DON ASTENIO SE hallaba en la difícil edad de la pitopausia. Un día acudió con el doctor y le pidió: "Quiero que me dé algo para aumentar el ímpetu amoroso". Responde el médico: "Me acaba de llegar un nuevo medicamento a base de hormonas de caballo. No lo he probado con ningún paciente, pero si quiere usted se lo recetaré". Don Astenio, que tenía ya muy perdido el impulso de la libídine amatoria, y desaparecido casi por completo el estímulo erótico-sensual, solicitó del médico la aplicación del reconstituyente antes citado. Pasaron unos días, y el doctor se topó con don Astenio en una fiesta. "¿Cómo le ha ido con las hormonas de caballo? —le pregunta *sotto voce*—. ¿Le aumentaron los ímpetus románticos?" "No —contesta don Astenio—. Pero ayer gané la cuarta carrera del hipódromo".

UN VIEJECITO DE ochenta y cinco años se casó con la muchacha de veinte. En la noche de bodas le dice a su asombrada mujercita: "Por favor, Susiflor, te suplico que comprendas. Yo creí que te casabas conmigo nada más por mi dinero".

EL SEÑOR DE edad avanzada era un poco sordo, de modo que no escuchó que alguien estaba tocando la puerta. El que tocaba arreció los golpes, y como nadie le abría tocó más fuerte aún, hasta casi derribar la puerta. Entonces sí lo oyó el señor. "¿Quién es? —pregunta muy enojado—. ¿Qué quiere?" Contesta el que tocaba: "Vengo a preguntar si está usted empadronado". "Cómo no voy a estarlo —responde furioso el señor—, con tamaños toquidotes".

HABÍA UN RODEO, y para animar a los asistentes los organizadores soltaron una marranita encebada. El que la pescara se quedaría con ella. Muchos probaron suerte sin éxito. En las tribunas dice un viejito a sus familiares: "Déjenme probar a mí". "Abuelito —le dicen—, los muchachos más ágiles no han podido pescarla, ¿cómo vas a poder tú?" El viejito insiste. Lo dejan, pues. Va el anciano y en un dos por tres pesca a la puerquita. "¿Cómo le hiciste abuelo?" —le preguntan asombrados—. "Muy sencillo —responde el viejito—. Me acordé de cuando jugaba boliche".

Éste era un viejito que había pasado ya de los ochenta. "Y sin embargo —decía con orgullo— todavía me aviento dos diarios". "¡Dos diarios!" —exclamaba envidioso y admirado un su pariente—. "Sí, —confirmaba el viejito—. El *Diario Oficial* y el *Diario de Sotavento*".

"¡ME ESTÁ USTED desnudando con la mirada!" Así le dijo Susiflor, en son de queja, al caballero que no quitaba la vista de sus encantos. "Con eso debo conformarme, linda —respondió el añoso señor—. En las manos tengo artritis".

EL VIEJITO Y la viejita hacían recuerdos. "Cuando yo era joven —dice el viejito— tenía el cuerpo de un atleta". "Eso no es nada —replica la viejita—. Yo tuve el cuerpo de diez".

LLEGÓ UN SEPTUAGENARIO a la farmacia y le preguntó al encargado: "¿Tiene condones?" Responde el farmacéutico: "Sí, señor. Los hay de varias clases, marcas, precios y medidas. ¿Cómo los quiere usted?" Pregunta con vacilante voz el veterano: "¿Tiene alguno con varillas?"

UN COMITÉ DE damas presidido por doña Tebaida Tridua, celadora de la pública moral, presionó al alcalde en tal manera que éste se vio obligado a cerrar todas las casas de mala nota que había en la ciudad. Antiguo oficio, sin embargo, es el que en esos locales se practica, y necesario para el sosiego y buen andar de la república, de modo que las dichas casas abrieron pronto sus puertas otra vez, disfrazadas ahora de clubes privados. A una de ellas llegó don Languidio, maduro caballero, y llamó a la puerta. Abrió el encargado, y para cubrir las apariencias le preguntó muy serio: "¿Miembro activo?" Responde con un suspiro el añoso señor: "Espero que sí".

DON VALETU DI Nario cumplió ciento diez años de edad. Una joven reportera le preguntó cómo veía la vida a esas alturas. "Muy triste, señorita —respondió, pesaroso, don Valetu—. He tenido que renunciar al sexo". "¿Por qué renunció a él?" —pregunta con asombro la muchacha. "¿Qué otra cosa podía hacer? —replica el centenario caballero—. Me gustan las mujeres mayores que yo".

LA REPORTERA DE *La Voz del Cosmos*, periódico jocoserio y de combate publicado en Petatillo, visitó el asilo de ancianos del pueblo, y vio en un rincón al que parecía el mayor de todos. Le pidió que le hablara de su vida. "A los quince años empecé a fumar —respondió con voz feble el ancianito—. Me fumaba más de una cajetilla diaria. Cumplidos los dieciséis adquirí el vicio de beber. Medio litro de alcohol al menos me tomaba cada día. Entrégueme con pasión al sexo: no hubo burdel, congal, prostíbulo, casa de ramería, manfla, zumbido, mancebía o lupanar que no gozara de mi presencia cada noche. Consumía sustancias perniciosas; andaba siempre en francachelas con amigos; pasaba mucho tiempo en lugares de juego de atmósfera contaminada por el humo y los malos humores de los asistentes. Mi vida, en fin, fue luciferina". "¡Mano Poderosa! —exclamó con asombro la joven reportera, que conservaba aún las jaculatorias aprendidas de su señora abuela—. ¿Y a pesar de esa vida depravada logró llegar a esta edad? Pues ¿cuántos años tiene?" Responde con voz feble el carcamal: "Si llego a junio cumpliré los veintiséis".

DOS VECES CADA mes don Poseidón hacía un viaje a la ciudad. De negocios, decía él, eran sus viajes. No había tal. La verdad es que iba a visitar con discreción una casa donde había muchachas complacientes. Ahí desfogaba él los rijos de varón que su señora esposa, por causa de la edad y los achaques, no podía ya lenificar. Cierto día llegó don Poseidón al establecimiento mencionado, y requirió —como hacía siempre— los servicios de Jobilia, que era su marchanta, decía él. Jobilia no estaba en la ciudad, le informó la propietaria del local. Había ido a pagar una manda al Señor del Buen Consuelo. "Entonces regresaré después" —manifestó el visitante—. No quiso dejarlo ir doña Lupana, que tal era el nombre de la proxeneta. El viejo era rumboso: pedía siempre una botella de ron Camucho, añejo, y daba propinas sustanciosas. Así, le dijo entonces: "No está Jobilia, pero tengo a Lalea. Aquí entre nos, ella practica el sexo oral". "¿De veras?" —se interesó don Poseidón. "Sí —confirmó la propietaria—. Habla mientras está en aquello. Recita poemas de Acuña, Nervo y Plaza; anuncia los pronósticos del tiempo, o narra curiosos episodios de su vida". "Interesante ha de ser, no cabe duda —replicó don Poseidón—, mas prefiero esperar la vuelta de Jobilia". "También está Maldicia —insistió la alcahueta—. A ella le da por la coprolalia". "¿Qué es eso?" —volvió don Poseidón a interesarse. Explicó la mujer: "Es la tendencia a proferir obscenidades en el momento del amor. Antes les decía a sus clientes: 'Pen...', 'Pu...' y 'Cabr...' durante el trance lúbrico. Algunos se molestaban, claro, y la agarraban a moquetes, lo cual alteraba el orden y la tranquilidad que privan siempre aquí, me precio de ello. Entonces contraté a un profesor de buen decir, y ahora ella, aunque conserva el hábito de proferir malas palabras en el trance erótico, les dice a los señores: 'Granuja', 'Belitre', 'Perdulario', 'Bellaco' o 'Perillán', lo cual no se oye ya tan feo. Nada como una buena educación". Tampoco aceptó don Poseidón los servicios de Maldicia. "Esperaré a Jobilia" —repitió—. "Disimule usted mi porfía —dijo entonces la madama, que había aprovechado la presencia del maestro de buen decir para aprender algo ella también—, pero contamos igualmente con Atalia. Ella tiene cable". "¿Con HBO?" —se interesó otra vez don Poseidón—. "No —aclaró la dueña del establecimiento—. Tiene en su cuarto un cable, un mecate fuerte, de ixtle. Con él amarra en el lecho a quienes la visitan; y luego, valiéndose de una pluma que maneja con sin igual destreza, los hace experimentar indescriptibles sensaciones de libídine". "No quiero ni pensar —se inquietó don Poseidón— lo que podría hacerme esa fulana con una pluma, por pequeña que sea". "La pluma no es de escribir —se impacientó la doña—; es pluma de ave". "Sea de lo que sea —reiteró don Poseidón—, prefiero esperar el regreso de Jobilia". "¡Acabáramos! —exclamó ya irritada la madama—. Pues ¿qué tiene Jobilia que no tengan las demás?" Suspiró el muy añoso caballero: "Paciencia".

EL VIEJECITO Y la ancianita estaban en el parque. "No sé por qué dices que ya no veo bien —comenta él—. Mira: aquel gato que viene allá tiene un solo ojo". "Tiene dos —lo corrige la ancianita—. Y no viene; va".

UNA VIEJECITA FUE sorprendida en el cementerio militar robándose las cintas de las ofrendas fúnebres. "Las uso —se disculpó ante el juez— para adornar mi ropa interior". El juez hizo venir a una policía mujer a fin de que comprobara el dicho de la anciana. La revisó la agente. En efecto, la viejecita había dicho la verdad: en la prenda que le cubría el busto había cosido un listón que decía: 'Caído en el cumplimiento del deber'; y en los choninos lucía una banda con la leyenda: "Al héroe de mil batallas'".

DON GERONCIO, SEÑOR maduro en años, logró que una mujer en plenitud de edad y carnadura prestara oído a sus demandas amorosas. Con ella fue a su departamento. Llegados que fueron a la habitación donde tendría lugar el trance de fornicio la mujer se tendió en el lecho en actitud que recordaba a la maja desnuda en la inmortal tela de Goya. (Goya y Lucientes, Francisco José de. 1746-1828. Pintor español. Entre sus principales obras están *Los fusilamientos del 2 de mayo, Saturno devorando a sus hijos* y *La familia de Carlos IV*. También era muy diestro en capar cerdos, según su biógrafo Bayeux, pero es conocido principalmente por su obra pictórica. *N. del A.*) Don Geroncio entró en el baño. No lo llamaba ahí ninguna urgencia natural, sino el intento de disponer el ánimo para hacer frente al compromiso con la frondosa dama. Vio sobre el lavabo un pequeño frasco que contenía una pomada, y supuso que era un auxilio dispuesto por la muchacha para ayudar a los varones en caso necesario. Alabando en su interior tan sabia providencia procedió a aplicar en la correspondiente parte una profusa cantidad de la mixtura, con tan buenos resultados que un minuto después ya estaba en aptitud de honrar en forma airosa el amoroso reto. Lo afrontó con prestancia don Geroncio, tanto que al otro día fue la mujer quien lo llamó para una nueva cita. Otra vez don Geroncio recurrió a la mirífica pomada, con los mismos excelsos resultados. Cuando acabó ese nuevo trance, feliz por el venturoso curso de los acontecimientos, don Geroncio fue al baño con el propósito de anotar el nombre que en el frasquito tenía la pomada, a fin de comprarla en alguna farmacia, para futuras ocasiones. Leyó la etiqueta del frasquito. Decía: "Cornsadieux. Pomada para callosidades. Con la primera aplicación se endurecen; con la segunda se caen".

LLEGA A LA farmacia un viejecito y le pide al encargado: "Déme por favor un paquetito de condoncitos, pero que sean de esos que no se doblan".

UNA VIEJECITA FUE con el otorrinolaringólogo. Se quejaba de no oír bien por el lado derecho. El facultativo examinó el correspondiente oído, tomó una pincitas y extrajo de él un objeto extraño. Era un supositorio. "¡Vaya! —se alegra la ancianita—. ¡Ahora ya sé dónde puse mi aparato auditivo!"

LLOVÍA EN FORMA torrencial, y la señora se espantó al ver a su marido en el jardín, exponiendo a la lluvia su anatomía de la cintura abajo. "¿Qué haces, Languidio?" —le preguntó con asombro—. "¡Mojándote así vas a pescar una pulmonía!" Explica el añoso señor con feble voz: "Es que dicen que con la lluvia todo cobra nueva vida".

LAS DOS HERMANAS viejecitas estaban en la sala. Una hacía calceta, la otra leía en el periódico acerca de la detención de un terrorista español. "Mira, Caduquina —dice la que leía a su hermana—. La policía agarró a uno de la ETA"."¡Ay, pobre! —se aflige la otra viejita—. ¡Cómo le dolería!"

LE COMENTA EL abuelo a su nieto joven: "Estoy leyendo un libro muy triste: el *Kama Sutra*". "Pero, abuelo —opone el muchacho—, el *Kama Sutra* es un alegre libro que trata de los placeres del amor sensual". "Precisamente —replica el veterano—. A mi edad leer un libro de ésos provoca gran tristeza".

DON GERONCIO, SEÑOR de ochenta octubres, casó con Granalguina, dama de treinta y tres frondosos junios. Meses después el otoñal esposo le confiaba a un amigo: "Tengo problemas en mi matrimonio". Responde el otro: "Mira, Jerry..." (Antes de transcribir lo que dijo el amigo de don Geroncio quiero destacar su noble sentido de amistad. Observen ustedes: no llamaba "Geroncio" a su camarada, pues el nombre le parecía feo, y además indicativo de la edad. Le decía "Jerry", nombre eufónico y con el prestigio que da la extranjería. ¡Cuántas maneras hay de ejercitar la caridad con nuestro prójimo! *N. del A.*) "Mira, Jerry —le contestó su amigo a don Geroncio—. Sé que tienes ochenta años, y tu esposa treinta y tres, pero, caramba, el sexo no lo es todo en el matrimonio". "Con el sexo no tengo ningún problema —contesta don Geroncio—. Lo hacemos todas las noches. Pero después del acto del amor le quiero dar las gracias a mi esposa, ¡y nunca puedo recordar su nombre!"

LA VIEJITA LIBIDINOSA estaba en su cama con el viejito concupiscente. De pronto se escuchan pasos en el jardín. "¡Es mi nieta Caperucita! —exclama con apuro la señora—. ¡Rápido, ponte la máscara de Lobo Feroz!"

EL MADURO SEÑOR iba por la calle cuando en la esquina lo detiene una muchacha muy pintada. "¿Te gustaría pasar conmigo un rato agradable, guapo?" —le pregunta—. "Lo siento —responde el señor—. Es algo tarde". "No es tarde —replica la muchacha—. Son apenas las once de la noche". "No —aclara el señor con una gran tristeza en su voz—. Son unos diez años tarde".

EL VIEJITO SE casó con una muchacha joven y llena de exuberancias. En el lecho nupcial el viejito se revisa muy cuidadosamente y luego dice consternado a su consorte: "No lo entiendo, Susiflor. Te juro que cuando llegamos todavía estaba ahí".

DON SENECIO, MADURO señor de ya muchos octubres, casó con Amantina, pimpante chica de veintiocho abriles. Al empezar la noche de bodas, ya reclinados ambos en el ara donde celebrarían el rito connubial (nuestro estimable colaborador quiere decir "la cama". *N. del A.*), don Senecio clava una penetrante mirada en su flamante mujercita —quizás ése iba a ser el único clavar que habría en la noche— y le pregunta con solemne acento: "Dime, Amantina: ¿eres virgen?" Ella observa la desmedrada traza de su esposo y le contesta: "¿Por qué? ¿Quieres que te haga algún milagro?"

DON LANGUIDIO, CABALLERO de edad muy avanzada, se compró un suéter de estambre blanco adornado con vivos rojos, azules y amarillos. Llega a su casa luciendo la prenda con orgullo, y le cuenta a su mujer: "Me dijo el vendedor que este suéter me quita veinte años de encima". Replica con acritud la señora: "Pregúntale si no tiene calzones de lo mismo".

LA CHICA DE exuberantes curvas iba por la plaza meneando como un galeón su abundantísima proa y su no menos ubérrima popa. Un viejito que estaba sentado en una banca le pregunta: "Perdone usted, señorita. ¿Va a pasar por aquí otra vez mañana?" "¿Por qué?" —dice ella algo molesta—. "Para acabarla de ver" —responde el viejecito—.

ÉSTA ERA UNA señora de muy buen ver —y de mejor tocar— cuyo marido había pasado a la otra vida. Después de cierto tiempo una amiga le dice: "Deberías casarte otra vez. Te tengo un excelente candidato: es un señor de buena posición, muy educado, y viudo como tú". "¿De qué edad?" —pregunta la señora. Responde la amiga: "Tiene setenta y cinco años". "Olvídalo —le dice la señora—. No voy a batallar con próstatas que ni siquiera disfruté".

EL MADURO SEÑOR fue admitido en el Club de Veteranos. El presidente le da a conocer las reglas. "Aquí no hablamos de política —le dice—, porque no queremos discusiones. Tampoco hablamos de religión, porque nuestros socios profesan credos diferentes. Y tampoco hablamos de sexo porque..." "¿Porque es impropio?" lo interrumpe el recién llegado—. "No —responde muy compungido el presidente— Porque ya no nos acordamos".

EL PADRE ARSILIO fue a visitar a doña Burcelaga. Ella era esposa de don Feblicio, senescente señor languidecido. Le pregunta el señor cura a la señora: "¿Tu marido cree en la vida después de la muerte?" "¡Uh, padre! —responde doña Burcelaga con tristeza—. ¡Ni siquiera cree en la vida después de la cena!"

LA JOVEN Y guapa enfermera le dice al maduro paciente tomándole la mano: "Le voy a checar el pulso, don Senecio". Solicita el carcamal: "Lleve su mano un poco más abajo, Florencina, para que me cheque el impulso".

LA GUAPA SEÑORITA sube al atestado autobús de pasajeros. Nadie se levanta a ofrecerle el asiento. Un señor de muy madura edad le dice cortésmente: "Señorita, soy demasiada viejo para viajar de pie, pero también soy demasiado viejo como para que usted interprete mal mi ofrecimiento. Si quiere puede sentarse en mi regazo". La muchacha, cansada y agradecida, acepta. Pero poco después, cuando el bamboleo y la agitación del autobús han hecho que el grácil cuerpo de la muchacha se mueva sobre el regazo del veterano, dice éste con gran preocupación: "Señorita, siento decirle que uno de nosotros dos tendrá que levantarse. No soy tan viejo como creí".

CASÓ PIRULINA, MUCHACHA pizpireta, con don Blandino, señor de edad madura. La noche de las bodas le dice ella: "Blandino: ante el altar me desposé contigo para toda la vida, pero debes mostrar alguna".

EL NIETO LLEGÓ a la casa de su abuelo. Llevaba consigo a su nuevo perro, un dálmata. Pregunta el anciano: "¿Y esas manchas que tiene tu perro? Parecen que le echaron lodo". Responde el muchacho: "Así es la raza, abuelo". Y dice el veterano meneando la cabeza con disgusto: "¡Ah raza méndiga!"

DON GERONCIO, SEÑOR de setenta años, célibe, lo confió a un amigo su deseo de abandonar su inveterada soltería para tomar estado. Había pensado siempre que "el buey solo bien se lame", pero la gravedad del tiempo lo llevaba ahora a meditar en los males que de la soledad derivan, el mayor de ellos la misma soledad. Cuando supo el amigo que don Geroncio quería casarse le recomendó: "A tus años lo mejor que puedes hacer es buscarte una mujer que tenga la mitad de años que tú más uno". Don Geroncio hizo el cálculo mental y dijo: "No me parece mal. Yo tengo setenta años. La mitad más uno serían treinta y seis". "No —le aclara el amigo—. Más uno que te ayude a tener complacida a tu mujer".

CUATRO SEÑALES HAY que indican que un hombre ha llegado ya a la edad madura. La primera: se le olvidan los nombres. La segunda: se le olvidan las fechas. La tercera: se le olvida subirse el zíper. La cuarta, y más alarmante de todas: se le olvida bajarse el zíper.

EN LA FIESTA de jubilados dice uno de los asistentes: "El hombre debe saber retirarse a tiempo". "Es cierto —confirma una señora—. Así se tienen menos hijos".

EL PERRO DE aquel señor había mordido a todo el vecindario. Un juez le ordenó hacerlo castrar. Cuando lo llevaba con el veterinario el desgraciado can mordió a un viejito que salía de su casa. "¡No me denuncie, por favor! —ruega el señor—. ¡Le juro que llevo el perro con el veterinario para que lo castre!" Responde el ancianito, dolorido: "Mejor llévelo con el dentista para que le saque los dientes. Por lo que veo le gusta más morder que follar".

UN JOVEN LE preguntó a don Geroncio, señor ya muy entrado en años: "Aquí en confianza, don Geri: a su edad, ¿cómo es hacer el amor?" "Te lo diré, muchacho —responde tristemente el veterano—. Imagina que juegas al billar y usas, en vez de taco, un trozo de cuerda".

EL DOCTOR LE pide al viejecito: "Diga A". Enuncia penosamente el veterano: "W...X...Y...Z..." El facultativo se vuelve hacia los familiares del señor y les dice: "Me temo que está en las últimas".

UN VIEJECITO BAILABA alegremente en un antro, y mostraba más vitalidad que un muchacho en plena juventud. Una linda chica le dice: "Estoy maravillada con usted, señor. ¡Qué energía tiene! ¡Qué agilidad, y qué capacidad de movimiento! Perdone la indiscreción: sus otras facultades ¿están aún completas?" "No, hija, no —responde el viejecito con tristeza—. ¡Qué diera por tener mis facultades completas! Mira: precisamente anoche salí de aquí con una muchacha. Fuimos a mi departamento. En la madrugada me desperté y la moví un poco para tener algo de acción. 'Pero don Senilio —me dijo ella—. Lo acabamos de hacer hace quince minutos ¿y ya quiere usted otra vez?'" Suspira el ancianito y concluye: "¿Lo ves? No tengo completas mis facultades. Se me olvidan las cosas".

A PESAR DE sus años el maduro señor se las arregló para hacerle una noche el amor a su esposa. Ella quedó extasiada. Le pregunta a su marido: "Viejito: ¿cuándo haremos esto otra vez?" Responde él sin aliento: "Tú di el día, y yo te diré el año".

EL DOCTOR LE dice a la madura señora: "No puedo creerlo, doña Pasita, pero está usted embarazada". "¡Imposible, doctor! —protesta la señora—. ¡Tengo setenta años de edad, y mi esposo tiene ochenta y tres!" "No hay duda en el diagnóstico" —repite el médico—. Doña Pasita, entonces, marca el número telefónico de su casa y le dice a su marido hecha una furia: "¿Lo ves, viejo sátiro? ¡Por tu culpa estoy embarazada!" Responde el viejito: "¿Quién habla?"

UN VIEJECITO QUE no oía muy bien iba por la calle, y observó una aglomeración de personas. "¿Qué sucede?" —pregunta—. "Es una riña" —le dice alguien—. "¿Cuál niña, cuál niña?" —pregunta ansiosamente el viejecito tratando de ver algo—. "¡Ninguna niña! —le dice el otro gritándole en la oreja—. ¡Es una riña! ¡Una disputa!" "Ah, vaya —contesta el ancianito—. Entonces ya no es tan niña".

CASÓ DON GERONTINO, señor de edad muy avanzada, con una frondosa mujer a la cual habría podido hacer frente sólo en sociedad anónima con otros cinco amigos. Don Gerontino siempre había querido tener una muerte rápida. Y se le cumplió el deseo: murió en el acto.

Contenido

Sexo... 11
Médicos 13
Meseros 37
Migrantes 38
Monjas y monjes 40
Mujeres 43
Sexo..58
Músicos... 61
Náufragos 63
Niños 64
Norteños 87
Novios 89
Sexo.. 102
Oficinistas... 105
Ovonio 117
Padres e hijos 119
Sexo.. 129
Pilotos 131
Policías 133
Políticos 137
Pompas fúnebres... 142
Predicadores 145
Sexo.. 147
Preguntas y respuestas...............................151
Princesas 154
Rabinos.. 156
Rancheros 157
Recién casados.. 163
Sexo.. 178
Soldados 181
Solteras... 184
Suegras.. 195

Surrealistas.. 198
Toreros.. 199
Sexo.. 200
Turistas 203
Vagabundos 208
Vapor.. 210
Vaqueros.. 211
Vendedores... 214
Viagra.. 215
Viajeros... 217
Viejos 221